KB119981

UNLEASH

언리시

내가 지금 가진 것들을
성장의 무기로 만드는 법

조용민 지음

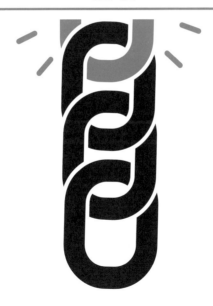

위즈덤하우스

일상과 업무, 그리고 세상을 변화시킬 '언리시'라는 특별한 경험

"형, 잘 좀 쳐봐!"

얼마 전 샤이니의 민호 군과 골프를 치다가 새삼 놀랐다. 민호의 운동 신경이 탁월하다는 사실은 익히 알고 있었지만, 나보다 한참이나 늦게 골프를 시작한 그가 이렇게나 빨리, 내가 도저히 따라잡을 수 없는 상대가 될 줄은 몰랐다. 그에게 골프 실력이 급속도로 향상한 비결을 물었더니 이런 대답이 돌아왔다. 일단 스윙 연습을 시작하면 정신없이 그냥 한다, 연습하다 배가 고파서 식사를 한두 번 한 기억은 있는데, 몇 시간이 흘렀는지는 잘 모를 정도다, 이렇게 연습을 마치고 나면 손가락이 굳어서 운전대를 잡기도 힘 들다…….

　　민호의 대답은 두 가지 측면에서 인상적이었다. 첫째 는 스윙을 몇 번 한다거나 연습을 몇 시간 한다거나 하는 정량 지표에 매몰되지 않았다는 점이다. 이는 민호가 '골프 실력을 급속도로 향상하려면 어떻게 해야 할까?'라는 문제 에 접근할 때 외부 요소나 부차적인 변수에 휘둘리지 않고 본질에만 집중했음을 의미한다. 둘째는 손가락이 굳을 만 큼 인내와 끈기를 발휘했다는 점이다. 이 정도의 인내와 끈 기는 긍정과 낙관 없이는 불가능하다.

　　이렇게 문제의 본질을 제대로 파악하고, 긍정과 낙관 으로 끈기 있게 밀고 나가 당면한 문제를 해결할 줄 아는 사람을 종종 만나곤 한다. 그가 CEO라면 나는 그 회사의 주식을 산다. 창업자라면 투자 심사를 통과시키고, 팀 지원 자라면 우리 팀으로 모시기 위해 노력하고, 학생이라면 개 발자나 UX 디자이너를 소개해 창업을 도와준다. 한마디로 어떻게든 도와주지 않고는 못 배긴다. 이들은 무조건 성공 할 수밖에 없는 사람, 그래서 경이로운 사람이기 때문이다.

이 책의 제목인 '언리시unleash'는 내가 이러한 사람들을 반복해 만나고, 그들의 비밀을 탐구한 끝에 만들어낸 개념이다. '언리시'는 개나 맹수의 줄을 푼다는 뜻인데, 이 책에서는 무언가의 가능성과 잠재력을 해방한다는 의미로 썼다. 가능성과 잠재력은 흔히 '계발'한다고 하지 줄을 풀어 '해방'한다고 하지는 않는다. 그러나 가능성과 잠재력은 새로 만들어가는 것이 아니라 이미 존재하는 것이다. 다만 부정적이고 편견 어린 시선에 꽁꽁 묶여 있어 자유로이 쓰지 못했을 뿐이다.

가능성과 잠재력은 누구에게나 어디에나 있다. 이를 그냥 지나치지 않고 재발견하고 재정의하는 것이 바로 언리시다. 또한 언리시는 내게 없는 것을 새로 만들거나 갖추려 하는 대신 이미 가진 것을 다시 해체하고 재결합하는 일, 그리하여 아무도 보지 못한 가치와 가능성을 새로이 발견하는 일이기도 하다.

이 책의 첫 장은 독자에게 다소 생소할 수 있는 언리시의 개념을 설명하고, 이것이 우리가 당면한 문제에 어떻게 쓰일 수 있는지 살피는 데 할애했다. 두 번째 장에서는 언리시에 필요한 기본 조건, 즉 선입견과 편견을 버리고 처음부터 다시 배우는 자세, 문제와 나 자신의 본질을 바라보려는 마음, 긍정과 낙관, 논리적인 사고 등을 알아보았다. 세 번째 장에서는 내가 처한 환경이나 내가 가진 데이터와 재료를 깎아내리지 않고 언리시를 통해 새로운 가치를 창출하는 방법을 구체적인 사례와 함께 살펴보았다. 그리고 마지막 장에서는 언리시가 어떻게 나만의 가능성과 잠재력을 발견하는 성장 무기로 쓰일 수 있는지 정리했다. 내가 그간 청중이나 독자들에게 받은 수많은 질문을 바탕으로 우리가 현실에서 마주치는 다양한 문제를 어떻게 해결할지를 중점적으로 다룬 부분이다. 이전까지는 언리시를 통해 인사이트를 얻는 법을 기술했다면 마지막 장에서는 언리시가 구체적으로 나의 일상을, 나의 업무를 어떻게 변화시킬 수 있는지를 보여주려 했다.

결론적으로 우리의 가능성과 잠재력을 언리시하는 키워드는 두 가지로 정리된다. 첫째는 '본질을 파악하는 힘'이다. 본질을 파악한다고 하면 굉장히 거창하게 들리지만, 의외로 간단한 해결책이 있다. 어떤 문제를 해결하기에 앞서 왜 그래야 하는지 다섯 번 물어보는 것이다.

가령 다이어트 방법을 구하는 사람에게 왜 다이어트가 필요하냐고 물어 "건강해지려고"라는 답을 얻었다고 하자. 그러면 다시 "왜 건강해져야 하냐"고 물을 수 있다. 이런 식으로 마치 선문답 같은, 그러나 본질을 예리하게 파고드는 질문이 다섯 차례 이어지면 이 사람의 다이어트는 '어떻게 살을 뺄 것이냐'가 아니라 '나 자신을 어떻게 관리할 것인가, 나는 어떤 삶을 원하는가'의 문제가 된다.

이것이 바로 내가 이 책에서 '북극성'이라고 표현한 개념이다. 북극성은 너무나 까마득해 도달할 수 없지만, 머리 위에서 빛을 발하며 방향을 알려주는 존재, 목표가 아닌 방향을 일러주는 길잡이다. 만일 어떤 조직이 이런 방식으로 본질에 접근해 북극성을 설정할 수만 있다면 모든 조직원의 심장을 뛰게 하는 미션을 세팅하는 일이 가능해진다. 또 무슨 일에서든 작심삼일을 넘어서서 지속가능한 노력을 기울일 수 있다.

가능성과 잠재력을 언리시하는 두 번째 키워드는 '끈기'다. 지난 2년 반 동안 스타트업 투자 심사 조합의 리더로서 투자의 가능성을 언리시한 경험을 예로 들어보자. 우리가 투자한 기업의 가치가 한결같이 높은 밸류에이션을 받고 있는 이유에 대해 생각해봤다. 하나는 투자 심사의 기준을 비즈니스 모델이 아닌 CEO들의 역량, 즉 문제 해결 능력과 끈기에 두었다는 점이고, 다른 하나는(이쪽이 투자 성공 확률과 더 밀접한 관련이 있을 텐데) 투자 심사의 기준을 높은 수준으로 유지했다는 점이다. 즉 우리 기준에 맞는 투자 대상이 있을 때까지 끈기 있게 기다렸다는 것이다.

　　미국 프로야구 역사상 4할대 타자라는 믿기 어려운 전설적인 기록을 남긴 테드 윌리엄스Ted Williams는 자신의 최고 미덕을 '끈기'라고 밝혔다. 투수가 던지는 공의 궤적과 공이 들어오는 공간을 수십 개로 나누고, 그 가운데 '스위트 스팟sweet spot'에 들어오는 공, 즉 스트라이크 존에 들어오는 공 중에서도 자신의 스윙에 가장 적합한 공이 들어올 때까지 기다리고 또 기다린 끈기가 자신을 4할대 타자로 만들었다는 것이다. 투자자 워렌 버핏Warren Buffett은 테드 윌리엄스를 인용하면서 이렇게 말했다. "타격에서 가장 중요한 것은 좋은 공이 올 때를 기다리는 일이다. 이는 투자도 마찬가지다. 그러나 투자는 또 야구와 달리 스트라이크가 쌓이면 아웃이 되지 않는다. 나는 스윙할 필요가 없다. 얼마든지 기다릴 수 있다."

3년 가까이 수많은 스타트업을 소개 받았지만 내가 GP General Partner로 참여한 투자 조합이 극도로 적은 이유가 여기에 있다. 일 년에 한 개씩만 투자한다는 식의 정량 지표가 중요한 것이 아니다. 투자 기준을 높게 설정하고 그 세부 기준을 유지하면서 끈기 있게 기다리는 것이 더 중요하다. 이것이 바로 우리가 투자의 가능성과 잠재력을 언리시한 핵심이다.

문제를 표면적으로만 인지하지 않고 본질을 파악하면 전에 없던 방법론이 슬며시 그 실체를 드러낸다. 그리고 여기에 끈기 있게 매달리면 어떠한 잠재력이라도 언리시할 수 있다. 언리시가 가능하다는 것은 삶에서 직면하는 모든 문제에서 좌절이 아닌 가능성과 잠재력을 발견하고 해결의 실마리를 얻는다는 뜻이자 작은 변화로 커다란 혁신을 끌어낸다는 뜻이다.

문제를 재정의하고 '왜'라는 질문을 반복함으로써 새로운 기회를 포착해 잠재력을 끌어올리는 이 흥미로운 여정에 독자 여러분도 함께했으면 한다. 문제와 난관에서 오히려 가능성을 발견하고 나 자신을 성장시키는 이 특별한 경험을 여러분에게 선사하고 싶다.

2022년 초가을

조용민

언리시하는 사람들은 무엇이 다를까

CHAPTER 01

언리시,
전에 없던
기회를 만드는
새로운 관점

01

언리시로 세상의
모든 가능성을 보라

자기가 쓰던 밥그릇이 먼 훗날 박물관에 모셔져 귀한 대접을 받으리라는 사실을 신석기인들은 상상이나 했을까. 그러니 또 모를 일이다. 먼 미래에는 우리가 현재 일상적으로 쓰고 있는 흔하디흔한 공산품의 가치가 완전히 달라질 수도 있다.

　이런 상상을 예술로 표현한 아티스트가 대니얼 아샴 Daniel Arsham이다. 아샴은 회화, 조각, 건축, 영상, 퍼포먼스 등 다양한 예술 분야에서 활동하는데, '미래 유물Perpetual Present'

과 '허구의 고고학The Fictional Archeology' 시리즈로 큰 인기를 얻고 있다. 그의 작품 세계는 '우리가 현재 사용하는 물건이 서기 3000년쯤에 발견된다면'이라는 흥미로운 가정을 전제로 한다. 우리에게 친숙한 전화기, 농구공, 티셔츠, 모자, 포르쉐 스포츠카, 피카추 피규어 등을 마치 고대 유물처럼 낡고 부식되어 보이도록 연출한다. 나는 그의 작품을 실물로 두 번 정도 '영접'했는데, 천 년을 앞질러 미래에 도달한 것만 같다가도 역설적으로 '지금'이라는 순간에 강렬하게 사로잡히는 묘한 시간 감각을 경험했다.

아샴의 작품에서 또 인상적인 것은 오브제 내부에 박힌 크리스털이다. 전화기든 피카추든 포르쉐 스포츠카든 표면이 부식되어 내부가 훤히 드러나는데, 그 안에 크리스털이 돋아나 있다. 부식된 오브제 안에서 크리스털이 자란다는 설정을 한 이유는 무엇일까? 그가 해석을 관람객의 몫으로 넘겼으니 하는 말인데, 그의 작품을 볼 때마다 나는 늘 부오나로티 미켈란젤로Buonarroti Michelangelo가 떠오른다.

"나는 대리석에 갇힌 천사를 보았고, 그가 차가운 돌에서 자유로이 풀려날 때까지 돌을 깎았다."

미켈란젤로가 남긴 이 말에 따르면 천사 조각상은 그

의 손끝에서 탄생하지 않았다. 천사는 이미 돌 속에 있었고, 그는 단지 돌을 깎아서 천사를 자유롭게 해주었을 뿐이라는 것이다. 아샴의 작품에서도 나는 이와 비슷한 메시지를 읽었다. 모자나 농구공과 같은 흔하디흔한 물건들 내부에 이미 크리스털이 자라고 있다. 단지 우리가 그 사실을 알아보지 못했을 뿐이다.

그런 의미에서 아샴의 작품은 주변의 모든 것을 새로운 시선으로 보게 한다. 특별할 것도, 새로울 것도 없는 사물들이 그 내면에 휘황찬란한 크리스털을 품고 있을지 누가 알겠는가. 아무리 친숙한 사물이라도 우리가 미처 보지 못한 면이 없으리라 누가 확신하겠는가. 내게 익숙한 주변 사물, 환경, 사람에 대해 나는 얼마나 알고 있는가. 그 모든 것의 내면에 크리스털이 돋아나고 있다면 나는 그것을 발견할 수 있는 사람인가, 아닌가.

대니얼 아샴의 작품이 던진 이 같은 질문을 나는 꽤 오랫동안 붙들고 있었다. 평범한 이에게는 그저 돌덩이만 보이는데, 어째서 누군가의 눈에는 그 안에 웅크리고 있는 천사가 보일까? 누가 봐도 평범한 공산품에 불과한데, 어째서 누군가의 눈에는 그 안에 돋아나고 있는 크리스털이 보일까? 더 생각할 가치가 없어 보이는 상황에서도 전혀 다른 가능성을 찾아내는 사람, 남들이 모르는 가치를 새로이 발견하는 사람, 누군가에게서 최고의 잠재력을 끌어내는 사람 들은 어떻게 사고하고, 어떻게 당면한 문제를 해결해갈까?

이 비밀을 밝히려면 우선 그들의 사고방식을 일컬을 적확한 이름부터 찾아야 한다. 새로운 기회를 창조하는 새로운 생각의 틀, 이제부터 그것을 '언리시'라 부르기로 한다.

내가 지닌 단점까지 잠재력이 되는 비밀

• • •

'언리시unleash'의 사전적 의미는 무언가의 줄을 풀어 해방하는 것이다. 주로 개나 맹수 등을 묶은 줄을 푼다는 뜻으로 쓰인다. 그런데 내가 언리시를 통해 해방하고자 하는 것은 맹수가 아니라 가능성과 잠재력이다. 어디로 튈지, 얼마나 힘이 셀지 모른다는 점에서 '맹수와 같은 가능성과 잠재력'이라고 해도 좋을 것이다. 누구에게나 어디에나 있는 가능성과 잠재력을 그냥 지나치지 않고, 재발견하고 재정의하는 것이 내가 말하는 언리시다. 당신에게는 이미 잠재력이 충분하다, 그러니 그것을 발견하고 일깨우자, 하는 말랑말랑한 이야기를 하려는 게 아니다. 상황, 도구, 정보, 당면한 문제 등 나를 둘러싼 모든 것이 '새로운 잠재력이 되게 하자'는 것이다.

나는 책만 펴면 30분 이내로 잠든다. 아무도 이런 특성을 잠재력이라고 보지 않는다. 그런데 언리시라는 새로운 렌즈는 이를 달리 보게 한다. 다음 날 새벽에 글로벌 화상 회의가 잡혀 있다면 대개는 평소보다 일찍 잠을 청하느라 애를 먹을 것이다. 그러나 내게는 이런 스트레스가 전혀 없다. 잠을 자야 할 때는 그저 책을 펼치기만 하면 된다.

잠재력을 발견해 일깨우자는 일반적인 주장에 따르면 책을 펼친 지 30분도 지나지 않아 잠들어버리는 이런 특성은 잠재력이 아니라 개선해야 할 단점이다. 그러나 언리시는 내가 지닌 모든 특성을 잠재력으로 간주한다. 아무리 사소하고, 심지어 약점으로 보일 법한 것까지 특정한 상황에서는 잠재력으로 재발견될 수 있다.

1991년 태풍 미어리얼의 영향으로 일본 이나모리현의 사과 90퍼센트 이상이 유실됐다. 농민들의 경제적 타격이

어마어마한 이런 상황도 과연 새로운 가능성이 될 수 있을까? 그렇다. 누군가는 떨어진 90퍼센트의 사과가 아니라 거센 태풍에도 굳세게 매달려 있던 10퍼센트의 사과에 주목했다. 그리고 이것에 '떨어지지 않는 사과'라는 이름을 붙여 치열한 입시를 앞둔 수험생들에게 10배나 비싼 가격에 판매했다.

이와 비슷한 사례가 최근에 또 있었다. 2021년 초, 일본 후쿠시마에 진도 6의 지진이 발생했다. 그런데 다테시의 한 슈퍼마켓에서 지진으로 찌그러진 캔 맥주를 폐기하기는커녕 이를 따로 모아 '지진에 대항한 영웅들'이라는 코너를 만들어 정상가에 판매했다. 매대에는 이런 안내문이 붙었다. "상처 난 불량품으로 싸게 팔고 싶지는 않습니다. 맛있는 술로 생을 마감하게 해주십시오." NHK 기사에 따르면 매대를 만든 지 사흘 만에 찌그러진 캔 맥주의 절반 이상이 팔렸다고 한다.

내가 즐겨 먹는 간식 하나가 오리온 초코파이다. 그런데 언제부턴가 초코파이 상자 앞면 상단에 광고가 실리기 시작했다. 오리온에서 새로 출시한 닥터유 제주용암수 광고다. 초코파이는 1년에 자그마치 3천만 상자가 팔린다. 이 많은 상자에 생수 광고가 실린다고 상상해보라. 초코파이 같은 인기 상품은 눈에 잘 띄는 매대에 전시된다는 점까지 고려하면 이 광고는 초코파이 구매자뿐만 아니라 근처를 지나는 고객 모두에게 노출된다고 봐야 한다. 오리온은 돈 한 푼 들이지 않고 약 10억 원가량의 광고 효과를 얻은 셈 이다.

이처럼 언리시는 나의 상황, 재료, 정보, 도구 등을 새로운 시선으로 보게 한다. '태풍에 유실된 90퍼센트의 사과'를 '태풍에도 살아남은 10퍼센트의 사과'로, '지진으로 찌그러진 캔 맥주'를 '지진에 대항한 영웅'으로, '잘나가는 효자 상품'을 '신상품 홍보 수단'으로 재발견하게 한다. 내가 손에 쥐고 있는 모든 것에서 새로운 가능성과 잠재력을 보는 것이다.

'업그레이드'가 아니라 '재정의'가 답이다

• • •

지금까지 우리는 자신에게 없는 것을 새로 얻기 위해 노력해왔다. 더 많은 자격증, 더 높은 학위, 더 넓은 인맥, 최신 장비와 최고의 정보력⋯⋯. 그런데 아무리 많은 자격증과 학위를 따고 최첨단 장비를 갖춰도 새로운 변화, 새로운 도전 앞에서는 무용지물이 되기 쉽다. 그럴수록 우리는 자기 부족함을 절감하고 더 많은 자격증과 학위, 최첨단 장비에 또 매달린다. 그야말로 뫼비우스의 띠가 따로 없다.

언리시는 이런 악순환의 고리를 끊는 가장 확실한 대안이다. 내게 없는 것을 새로 만들거나 갖추려 하는 대신에 이미 가진 것을 다시 살피고 재정의함으로써 새로운 가능성을 발견하기 때문이다.

이제 막 요리를 배우기 시작한 사람이 있다고 하자. 초보자가 으레 그렇듯 레시피에 적힌 모든 식재료와 조리 도구를 빠짐없이 구입한다. 용량과 시간을 엄수해 요리했더니 그럭저럭 원하던 맛이 나는 것도 같다. 용기백배하여 다른 요리에도 도전한다. 역시 레시피에 따라 식재료와 조리 도구 일체를 장만한다. 요리에 점차 자신이 붙자 이제는 더 귀하고 신선한 식재료, 최고급 조리 도구를 쓰고 싶은 욕심이 생긴다. 이왕이면 다홍치마라고 그릇에도 관심이 생긴다.

그런데 이 사람이 자기 주방을 벗어나 다른 곳에서 요

리해야 한다면 어떻게 될까? 믿을 만한 레시피도, 늘 쓰던 최고급 식재료와 조리 도구도, 아름다운 식기도 없는 상황이라면 평상시 요리 실력을 발휘할 수 있을까?

우리가 지금까지 신봉해온 자기 계발도 이와 비슷하다. 식재료, 조리 도구, 식기 등을 더 갖춘다고 요리 실력이 향상한다고 장담할 수 없는 것처럼 학위나 자격증을 더 취득하거나 최첨단 장비를 구비한다고 더 능력 있는 사람이 되는 것은 아니다.

진정한 요리 고수라면 레시피나 식재료, 조리 도구가 얼마나 중요한지는 잘 알아도 그런 것들에 연연하지 않는다. 지금 내 냉장고 안에 쓸 만한 식재료로 무엇이 있는지, 요리에 들일 수 있는 시간은 얼마나 되는지 파악하고, 그런 조건 안에서 최고의 요리를 선보이려 할 것이다.

이런 능력이 바로 언리시다. 유능한 요리사가 재료 탓을 하지 않듯 언리시할 줄 아는 사람은 상황이 불리하다거나 정보가 적다거나 도구가 보잘것없다거나 당면한 문제가 너무 어렵다고 불평하지 않는다. 가능성이 전혀 없다고 성급하게 단정 짓지도 않는다. 대신 내가 처한 상황, 내가 가진 것들을 명확하게 파악하고 재정의한 뒤에 거기에서 최고의 잠재력과 가능성을 끌어낸다.

자기 계발이 내게 없는 잠재력을 만들어내려는 '발명'에 가깝다면, 언리시는 미처 모르던 잠재력을 찾아내는 '발견'과도 같다. 자기 계발이 내가 원하는 형상이 나올 때까지 진흙을 바르고 덧씌우는 '소조'라면, 언리시는 미켈란젤로의 작업이 그랬듯 돌덩이 안에 내재한 형상을 자유롭게 풀어주는 '조각'이다. 자기 계발이 열악한 상황에도 '불구하고' 가능성을 만들어가려는 안간힘이라면, 언리시는 열악한 상황 '덕분에' 새로운 잠재력을 발견해내는 일이다.

대니얼 아샴은 색맹이다. 언리시를 하지 못하는 사람에게 이런 특성은 시각 예술가로서는 치명적인 약점이라여길 테고, 아샴의 업적은 색맹에도 '불구하고' 이루어낸놀라운 성과일 것이다. 그러나 언리시가 가능한 아샴 같은사람에게 색맹이라는 특성은 또 다른 가능성이다. 그는 색맹이라는 고유성 '덕분에' 석회, 흑요석, 화산재 등 흑백의재료를 활용하여 자신만의 독특한 작품 세계를 일구어낼수 있었다.

이처럼 언리시란 어떤 상황이든 새로운 가능성이 있으리라 믿고, 그것을 실제로 찾아내는 일이다. 동시에 누구도 생각하지 못한, 이제껏 없던 새로운 창의적 방법으로 문제를 해결하고, 나 자신을 한 단계 도약시키는 일이기도 하다.

격변의 시기에 우리에게 가장 절실한 렌즈

• • •

내가 강연에서 즐겨 인용하는 문구가 있다. 현대 경영학의 창시자인 피터 드러커Peter Drucker의 말이다.

"격변기 최대의 위험은 변화 그 자체가 아니라 과거의 방식으로 행동하는 것이다 The greatest danger in times of turbulence is not turbulence itself, but to act with yesterday's logic."

코로나19 이전부터 우리는 뷰카VUCA의 시대에 살고 있음을 실감해왔다. 뷰카란 '변동성Volatility, 불확실성Uncertainty, 복잡성Complexity, 모호성Ambiguity'의 첫 글자를 조합한 단어로, 변화의 속도가 워낙 빨라 예측하기 불가능한 사회를 의미한다.

이런 격변의 시대에는 드러커의 말처럼 과거의 성공 공식에 집착하는 것이 가장 위험한 일이다. 세계경제포럼에서 2021년 주요 의제로 'the Great reset'을 채택했다. 거대한 위기를 극복하는 과정에서 혁명에 가까운 대전환이 시작될 것이라는 메시지다.

그렇다면 이런 대전환에 적응할 가장 적당한 타이밍은 언제일까? 바로 오늘이다. 그다음 타이밍은? 내일이다. 변화의 물살은 나날이 거세지게 마련이므로 '바로 지금'이 곧 기회이자 가능성이다. 이런 이유로 새로운 생각의 틀인 언리시가 필요한 것이다.

모든 것이 빠른 속도로 끊임없이 변화하는 이때, 나 자신의 능력을 키우고 업그레이드하는 데만 몰두하는 것은 현명한 생존 전략이 못 된다. 이유는 두 가지다. 첫째, 변화의 속도는 내가 자신을 계발하는 속도보다 언제나 빠르다. 둘째, 무엇을 더 채우고 어디까지 업그레이드해야 살아남을지 아무도 알지 못한다.

이런 이유로 늘 노력하면서도 불안감은 줄지 않고, 몸부림은 점점 치열해진다. 오래전부터 제기된 우려대로 '자기 계발'은 어느덧 '자기 착취'로 이어진다.

이제 발상의 전환이 필요하다. 변화의 물결이 점점 거세지는 오늘날, 더는 과거의 성공 방식에 집착해서는 안 된다. 나를 더 채우고 업그레이드하려는 노력을 멈추고, 내 안부터 들여다보자. 그리고 언리시라는 새로운 렌즈로 내가 지금 무엇을 가졌는지, 그것들을 해체하고 재결합하여 무엇을 새로 만들 수 있을지 살펴보자.

　이것이 바로 아무도 보지 못한 가치와 가능성과 잠재력을 새로이 발견하는 사람들, 채석장 돌덩이 안에서 웅크린 천사를 찾아내고 흔하디흔한 공산품 내부에서 크리스털을 발견하는 사람들의 비밀이다.

02

당신은
언리시하는 사람인가?

언리시 개념의 이해를 돕기 위해 내가 직접 경험한 두 가지 사례를 얘기해보려 한다. 첫 번째는 삼성전자 재직 시절의 일이다. 한 콘퍼런스에서 구글의 저스틴 진Justin Jin의 발표를 듣고는 눈이 번쩍 뜨일 정도로 지적 충격을 받았다. 당시만 해도 데이터 문외한이었던 나는 나중에 이 분야를 공부할 때 도움을 받을 수 있을까 싶어 콘퍼런스가 끝나자마자 그를 찾아가 명함을 받았다.

그로부터 2년 뒤 이직을 준비하면서 그때 받은 명함을

떠올렸다. 이직과 관련해 도움을 청하고 싶었지만, 나와 같은 용건으로 진에게 메일을 보내는 사람이 어디 한둘일까 싶었다. 어떻게 메일을 써야 피드백을 받을 수 있을까. 내가 원하는 바를 솔직하고 담백하게 전달하는 정공법이 가장 좋을 것 같았다. 메일에 이력서를 첨부하고, 내 경력에 맞는 자리가 있는지 알고 싶다고 썼다. 그러자 얼마 뒤 답장이 왔다. 구글 경영진에 나를 추천했으니 곧 인터뷰가 있을 거라는 내용이었다.

이젠 내가 이직·구직 희망자들로부터 하루 십수 통의 메일을 받는 입장이 됐다. 메일은 대부분 현재 이런저런 일을 하고 있는데 구글에서 일하려면 어떻게 준비해야 하는지 알고 싶으니 시간을 내달라는 내용이다. 표면적으로는 코칭이나 멘토링을 요청하지만, 핵심은 구글에 자기 자리가 있는지 알고 싶다는 것이다. 하지만 안타깝게도 이력서가 첨부된 메일은 거의 보지 못했다. 자기 정보를 안전하게 숨기고, 내게만 시간을 요구하는 것으로 느껴질 수가 있다. 이런 사람들에게는 원론적 정보는 알려줄 수 있어도 실질적 도움을 주기가 어렵다.

내가 저스틴 진에게 선뜻 이력서를 보낸 것은 자신감

이 넘쳐서가 아니었다. 그보다는 나의 가능성과 잠재력을 시험하고 개선할 부분을 업데이트해서 구글이 원하는 인재상에 맞게 내 이력을 재정의하고자 함이 컸다. 당시에는 '언리시'를 내재화하거나 그 개념을 확립하기 전이었지만, 내가 할 수 있는 일과 없는 일을 예단하지 않고 모든 가능성을 열어놓은 채 어디까지 멀리 갈 수 있나 보자는 생각이었다. 그러려면 포커 게임을 하듯 나의 패를 감추고 상대의 수를 읽으려 할 게 아니라 나의 이력과 경력을 솔직하게 내보일 필요가 있다고 판단했다.

그렇게 구글에 입사한 얼마 뒤 두 번째 언리시를 경험하게 된다. 나는 겉보기와는 달리 은근히 내성적인 성격이라 여러 사람 앞에서 발언이나 발표를 할 때 늘 진땀을 빼곤 한다. 주변에서는 내게 긴장한 기색이 전혀 없다고 하는데 나를 격려하는 말인지, 정말로 내 발표가 능숙해 보여서 하는 말인지 가늠하기 어려웠다. 그러다가 문득 이런 생각이 들었다. 나에 대한 주변의 평가와 나 자신의 평가가 서로 다를 때 무엇이 맞는다고 할 수 있을까. 나는 내가 제일 잘 안다는 말이 과연 사실일까. 답을 찾을 방법은 하나뿐이었다. 나 자신의 가능성을 성급하게 예단하지 말고 이를 시험할 기회를 마련하는 것, 바로 언리시였다.

곧바로 '콘텐츠 마케팅 서밋Content Marketing Summit'에 강연자 지원서를 제출했다. 저스틴 진에게 메일을 보내던 때처럼 이번에도 내 아이디어를 꽁꽁 감춰두지 않고 다 공개하자는 전략이었다. '아이디어만 도용당하고 기회는 못 얻는 게 아닐까' 하는 불안감은 전혀 없었다. 남이 도용해 강연할 수 있다면 그것을 나만의 아이디어라고 할 수 있을까. 내 아이디어로 강연할 수 있는 사람은 오직 나밖에 없다는 확신으로 강연 기획안을 꼼꼼하게 작성해 사무국에 제출했다.

내 전략이 통했는지 콘텐츠 마케팅 서밋에서 긍정적인 답신이 왔고, 곧 강연 무대에 서게 됐다. 200명 청중이 코앞에 있었지만, 다행히 떨지 않고 무사히 강연을 마쳤다. 그러자 얼마 지나지 않아 '세바시(세상을 바꾸는 시간 15분)'에서도 연락이 왔다. 그렇게 서게 된 세바시 첫 무대가 다행히 호평을 받으면서 이후로는 다양한 강연 무대에서 경험의 폭을 넓혀가고 있다.

강연 활동은 또 다른 언리시의 기회가 되어주었다. 강연료 일부를 기부하기 시작하면서 얼마 전에는 사랑의 열매 1억 원 이상 기부자 모임인 '아너 소사이어티 클럽'에도 이름을 올리게 됐다. 내가 선하고 이타적인 사람이라서가 아니다. 실천윤리학자 피터 싱어_{Peter Singer}는 힘들게 일해 쇼핑하고, 쇼핑하기 위해 또 힘들게 일하는, 영원히 멈출 수도 없고 만족할 수도 없는 시시포스 신화에서 벗어나서 일하는 의미와 자존감을 되찾는 방법으로 '기부'를 제안한다. 나 역시 아너 소사이어티의 여러 회원과 함께 다양한 기부 활동을 모색하면서, 내가 하는 일이 세상에 직접적 또는 간접적으로 어떤 영향을 미치는지 그 의미와 가능성을 새로이 발견하며 재정의하고 있다.

한계 없이 도전하고 싶다면

• • •

이 두 경험은 지금의 나를 만든 핵심 도전이라 할 만하다. 동시에 당시에는 미처 인식하지 못했지만, 매우 언리시한 도전이기도 했다.

누군가는 이렇게 말할지도 모른다. 여러 사람 앞에 서기를 두려워하던 내가 자신의 가능성을 언리시하기 위해 콘텐츠 마케팅 서밋이나 세바시에 도전했다기보다는, 그 같은 단점을 고치고자 자기 계발을 시도한 것이 아니었냐고 말이다. 과거 일에 어떤 의미를 부여하느냐는 전적으로 현재에 달렸다는 점에서 내 경험담은 언리시로도, 자기 계발로도 읽힐 수 있다.

그런데 이렇게 한번 생각해보자. '여러 사람 앞에 서면 당황하는 자신'을 뜯어고치고자 대중 강연에 도전하기로 마음먹었다면 얼마나 큰 스트레스에 시달려야 할까. 반면 '여러 사람 앞에 서면 당황하는 자신'의 가능성을 스스로 제한하지 않고, 나에게 한계 없는 기회를 준다는 마음으로 대중 강연에 도전한다면 그 스트레스 강도가 현저히 낮아진다. 실제로 내가 강연 무대에서 침착함을 유지할 수 있었던 것은 철저한 준비 덕분이기도 하지만, 나를 뜯어고쳐야 한다는 스트레스가 없었다는 이유가 더 크다.

회의를 주도하는 팀장이 새로운 아이디어를 도출하기 위해 "뭐 더 새로운 아이디어가 없습니까? 어떻게든 만들어봅시다"라고 할 때와 "분명히 뭔가 더 있습니다. 그걸 찾아봅시다"라고 할 때 팀원들이 느끼는 스트레스 정도는 확연히 달라진다. 전자는 무에서 유를 창조하는 '발명'이자,

자기가 원하는 형상이 나올 때까지 진흙을 바르고 덧씌우는 '소조'이고, 열악한 조건에도 '불구하고' 성과를 내보자는 우격다짐의 말이다. 반면 후자는 반드시 존재하는 가능성을 찾아내는 '발견'이자, 돌덩이에 내재하는 가능성을 자유로이 풀어주는 '조각'이고, 지금 처한 조건 '덕분에' 성과를 낼 수 있다고 독려하는 말이다. 당연히 후자 쪽이 팀원들의 스트레스를 줄여주는 말이다.

결과적으로 두 경우 모두 좋은 아이디어를 도출할 수는 있다. 그러나 결과가 같다고 과정까지 같은 평가를 받아서는 안 된다. 내 사례 역시 대중 강연을 무사히 마쳤다는 결론에만 주목하면 과정이야 자기 계발이든 언리시든 상관없다고 여겨질 수 있다. 그러나 과정이 자기 계발이 아닌 언리시였기 때문에 그 경험이 내 뇌리에 즐거운 도전으로 각인될 수 있었다.

바로 여기에 언리시의 강점이 있다. 언리시는 가능성 유무를 재단하지 않고 선입견 없이 도전에 뛰어들게 한다. 그리고 도전을 두려워하지 않고 즐기게 한다.

누군가가 제안한 아이디어에 "나라고 그런 생각을 안 해봤겠어?" 또는 "내가 다 해봐서 아는데……" 식으로 대꾸

하는 사람을 간혹 본다. 시행착오를 줄이려는 의도임은 알겠다. 그러나 내가 실패한 아이디어니까 너도 분명 실패할 것이라는 생각은 아집이자 독선이다. 누군가가 도전하지 못하도록 발목을 붙들고 늘어지는 이런 생각을 통찰력이라고 착각하면 곤란하다.

반면 언리시할 줄 아는 사람은 같은 아이디어라도 그것을 실행에 옮기는 시기와 주체가 달라지면 결과도 얼마든지 달라질 수 있음을 안다. 가능성 유무를 성급히 재단하지 않고 어서 도전해보라고 등을 떠밀며 날개를 달아줄 것이다.

한번 상상해보라. 이런 사람이 리더, 교사, 부모, 동료일 때 주변을 어떻게 변화시킬까? 그리고 바로 내가 그런 사람이라면 나 자신에게는 어떤 변화가 일어날까?

나는 과연 어떤 맹수의 줄을 잡고 있을까

• • •

언리시한 도전은 전혀 예상치 못한 새로운 결과를 가져오기도 한다. 뉴욕 뉴어크 공항에 있는 거의 모든 레스토

랑에는 테이블마다 아이패드를 비치해놓았다. 공항 경영진이 아이패드를 들인 이유는 고객에게 쾌적한 경험을 선사하기 위해서였을 것이다. 결과적으로 매출 증대에 영향을 미치리라는 기대는 했겠지만, 아이패드 자체가 드라마틱한 결과를 가져오리라고는 예상하지 못했으리라.

놀랍게도 아이패드를 설치한 직후에 공항 내 거의 모든 레스토랑의 매출이 평균 75퍼센트나 상승했다. 언어가 통하지 않아서 시그니처 메뉴 정도만 간신히 주문했던 비영어권 고객들이 자국어 설명을 제공하는 아이패드 메뉴판 덕분에 더 다양한 요리를 많이 주문할 수 있게 됐기 때문이다.

한눈에 들어오는 바둑판에서도 몇 수 앞을 내다보기 어려운데, 복잡한 인간 사회에서 무언가의 가능성과 잠재력을 예측하기가 쉬울 리 없다. 오늘 내가 내린 사소한 결정이 어떤 나비효과로 돌아올지 누구도 알 수 없다. 나의 강연 도전이 어느덧 기부 활동으로 이어지고, 아이패드 메뉴판이 아무도 예상치 못한 매출 증대로 이어진 것처럼 말이다.

언리시가 필요한 이유가 바로 여기에 있다. 언리시의

출발점은 상황, 정보, 도구, 재료가 지닌 가능성을 지레 판단하지 않는 것이다. 가능성이 있고 없고를 속단하지 않고, 원점에서부터 새로운 눈으로 다시 보는 자세가 바로 언리시다.

언리시는 말뚝에 단단히 묶여 있는 무언가의 줄을 푸는 일이다. 그 줄 끝에 무엇이 있을지는 아무도 모른다. 엄청난 맹수가 있으리라 예상해 줄을 잔뜩 잡아당겼다가는 오히려 제풀에 엉덩방아를 찧을 수도 있다. 반대로 별것 없으리라는 생각에 힘을 풀고 있으면 줄을 놓쳐버리거나 맥없이 끌려다닐지도 모른다. 그러니 잠재력의 힘과 크기는 가늠하거나 예측할 수 없다는 사실을 인정해야 한다. 우리가 언리시하면 할수록 겸손해질 수밖에 없는 이유다.

앞서 나는 언리시란 누구에게나 어디에나 있는 가능성과 잠재력을 그냥 지나치지 않고, 재발견하여 재정의하는 것이라고 말한 바 있다. 또 가능성 유무를 성급히 재단하지 않고, 어떤 상황이더라도 새로운 가능성이 있으리라 믿는 것이라고 설명하기도 했다. 이런 이유로 언리시하는 사람은 겸손하고 낙천적이다. 즐겁게 도전하고, 그 결과는 겸허히 받아들인다.

내가 발견하지 못한, 그래서 허무하게 놓쳐버린 잠재력이나 가능성은 얼마나 될까. 그리고 앞으로 발견할 새로운 잠재력과 가능성은 또 얼마나 될까. 앞으로 언리시에 대해 더 깊게 얘기하며 이해의 폭을 넓히는 동안, 당신에게도 이런 안타까움과 기대가 밀물과 썰물처럼 번갈아 찾아오기를 기대한다.

CHAPTER 02

언리시하는
사람들은
무엇이 다를까

언런과 리런
-언리시의 첫 번째 비밀

내가 가장 듣기 싫어하는 말이 '꼰대'다. "당신은 정말 꼰대 같다"라는 소리를 듣는 날만은 절대로 오지 않았으면 좋겠 다. 그런데 꼰대가 되지 않으려고 아무리 나 자신을 경계하 고 점검해도 가끔은 '나도 어쩔 수 없는 꼰대구나'라고 인 정하게 될 때가 있다. 나만 당할 수는 없으니 독자들도 일 명 '꼰대 테스트'로 스스로를 진단해보길 바란다.

　다음 페이지에서 정삼각형은 어디에 있을까? 참고로 정삼각형이란 세 변의 길이와 세 내각의 크기가 모두 같은

삼각형을 가리킨다.

자, 답을 찾았는가. 정답은 '정삼각형은 알파벳 A 안에 있다'다. A 글자 안의 조그마한 삼각형만 정삼각형이고, 나머지 넷은 정삼각형이 아니다. 속임수라고 항의하고 싶다면 문제를 다시 읽어보길 바란다. '다음에서 정삼각형은 무엇일까?'라고 물은 게 아니라 '다음에서 정삼각형은 어디에 있을까?'라고 물었다. 애당초 사지선다가 아니었다.

이런 난센스 문제로 어떻게 자신이 꼰대인지 아닌지 알 수 있다는 걸까? '꼰대질'을 우리말샘 사전에서 찾아보면 '기성세대가 자기 경험을 일반화하여 젊은 사람에게 어떤 생각이나 행동 방식 따위를 일방적으로 강요하는 행위를 속되게 이르는 말'이라고 나온다. '꼰대Kkondae'는 위키피디아에도 등재되어 있다. '한국에서 오만한 사람을 묘사하는 데 사용되는 표현으로, 자기 생각이나 방식이 항상 옳다고 여기는 권위적 사람'이라고 설명되어 있다. 결국 꼰대란 자신의 경험, 생각, 방식을 일반화하여 현재 당면한 모든 문제에 대입하고 그것이 절대적으로 옳다고 여기는 사람을 가리키는 말인 셈이다.

다시 꼰대 테스트 문제로 돌아오자. '어디에'라는 단어

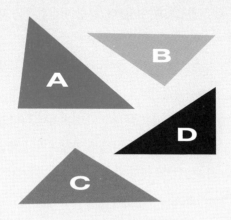

다음에서
정삼각형은
어디에
있을까?

에 주목한다면 의외로 쉽게 풀릴 수도 있는 문제다. 그런데 대부분은 이를 '무엇일까'로 바꿔 읽는다. 그림을 보는 순간 A, B, C, D, 네 개 중에서 정삼각형 하나를 찾아내는 문제라고 제멋대로 치환해버린다. 분명 정삼각형은 '어디에' 있느냐는 질문을 읽었지만, 의무교육 12년간 다져진 사지선다라는 익숙한 형식에서 벗어나지 못한다. 그 결과 A, B, C, D 모두 정삼각형이 아니라는 사실을 발견하고 혼란에 빠진다. 늦게라도 문제를 다시 읽어보려 하면 다행인데, 안타깝게도 이번에는 착시가 아닐까 의심하면서 화면에 손가락이나 볼펜을 갖다 대고 세 변의 길이를 가늠해본다.

부끄럽지만 이게 다 내 이야기다. 문제를 매번 새로이 보지 못하고, 내게 익숙한 기존 방식을 고수하려 했으니 꼰대라 불려도 변명할 말이 없다.

MBTI 신봉자와 꼰대의 공통점

• • •

갑자기 웬 꼰대 이야기인가 싶겠지만, 언리시를 어렵게 하는 요인 중 하나가 바로 '내 안의 꼰대 기질', 즉 선입견과 고정관념이다. 인류가 선입견과 고정관념에 기대어 살아남았던 시기도 분명 있긴 했다. 만일 우리 조상들이 앞을 가로막은 저 물체가 뱀인지 나뭇가지인지 일일이 확인하고 검증한 후에 피할지 말지를 결정했다면 목숨을 부지할 수 있었을까. 길고 가느다란 물체는 위험하다는 선입견 덕분에 인류는 독뱀에 물려 죽는 사고를 피해 살아남을 수 있었다. 주변의 자극이나 상황에 대해 즉각적인 판단을 유보하고 신중하게 사고하려는 사람보다는 무의식적으로 범주화하고 빠르게 판단하는 사람이 생존할 확률이 더 높았을 것이다.

이렇듯 선입견이나 고정관념은 꽤 오랜 기간 인류에게 효율적이고 유용한 생존 전략이 되어주었다. 그러나 오늘날의 사회는 다르다. 까마득한 조상에게서 물려받은 본능을 거부하고 선입견과 고정관념에서 벗어나는 사람이 더 많은 기회를 얻고 가능성을 펼치는 시대이기 때문이다.

구글이 갓 입사한 직원들에게 분명하게 전달하는 메시지도 고정관념을 버리지 않으면 살아남지 못한다는 것이다. 구글에 입사하기 전에 두 번의 이직을 경험한 나는 경력 직원을 위한 첫 번째 교육의 첫 번째 메시지가 그 기업이 추구하는 핵심 가치라는 사실을 잘 알고 있었다. 이런 이유로 구글 싱가포르 오피스에서 첫 교육을 받았을 때 구글이 과연 어떤 메시지를 전달할지 기대가 매우 컸다.

교육이 시작되자마자 화면에 나타난 것은 흑인 남성 두 명의 사진이었다. 왼쪽 남성은 운동복 차림으로 팔에는 문신이 가득했으며 오른쪽 남성은 멀끔한 정장을 입고 있었는데, 이들의 직업을 유추해보라고 했다. 눈치 빠른 사람이면 금세 알아챘겠지만, 이 둘은 동일인으로 하버드대 출신의 IT 기업 CEO다. 이를 통해 구글이 처음 입사한 경력 직원들에게 전달하려는 메시지는 명확했다. 눈에 보이는 현상만으로 사람이나 사물의 본성을 함부로 판단하지 말 것, 무언가를 쉽게 범주화하고 익숙한 패턴에 끼워 넣으려는 게으른 나 자신의 뇌와 치열하게 싸울 것, 선입견이나 고정관념에서 벗어나 원점에서부터 다시 생각할 것.

흔히 중장년층을 '꼰대'라고 비난하지만, 사실 나이 불문하고 누구나 꼰대가 될 수 있다. 요즘 젊은 세대에게 인기 있는 MBTI만 해도 그 열풍이 단순한 재미를 넘어서 채용 시장에서 특정 MBTI 유형을 우대하는 정도로까지 번지고 있다고 한다. MBTI는 주어진 문항에 스스로 답하는 자가 진단 형식이라 ISTJ인 사람이 작정하고서 ENFP로 결과를 만들어내는 일도 가능하다. 객관성과 신뢰성을 담보하기 어렵다는 뜻이다. MBTI의 과학적 근거는 논외로 하더라도, 이 방법이 객관성을 지니려면 차라리 남에게 나를 평가해달라고 하는 편이 나을지도 모른다. 즉 나의 동료나 팀원이 '이런 상황에서 조용민은 어떤 반응을 보이고 어떤 대응을 할 것인가'를 기준으로 내 MBTI를 측정하는 것이다.

혈액형이든 MBTI든 하나의 기준이 타인을 손쉽게 판단하는 잣대가 되고, 타인에 대한 편견을 강화하는 역할을 한다면 우려할 만한 일이다. 누군가를 ISTJ, 즉 청렴결백한 논리주의자로만 한계 지을 때 우리가 미처 보지 못하고 놓치는 그의 잠재력이 얼마나 크고 깊을까를 생각하면 아찔하다.

선입견을 버리고 처음부터 다시 배워라

• • •

내가 즐겨 본 드라마 중 하나가 〈슬기로운 의사 생활〉이다. 병원이라는 공간과 여러 의료인을 현미경으로 들여다본 듯 핍진하게 그려내어 무척 흥미로웠다. 유튜브에서 이 메디컬 드라마에 대한 실제 의사들의 리뷰 영상을 찾아보는 재미도 꽤 쏠쏠했는데, 의학적 상황과 처치에 대한 고증이 매우 철저하다는 데 많은 의사가 동의하는 듯하다. 작가진이 드라마 속 인물들의 모델인 현직 의료인들을 무려 4년에 걸쳐 그림자처럼 따라붙는 섀도잉 취재를 했다니 당연한 결과인지도 모르겠다.

메디컬 드라마가 '병원에서 연애하는 이야기'를 의미하던 과거에는 의사가 수술실에서 멸균 장갑을 낀 채로 안경을 치켜올리는 등 의학적 고증이 부족한 장면들로 빈축을 사는 경우가 많았다. 〈하얀 거탑〉도 의사들의 정치 암투를 그린 신선한 접근은 돋보였지만, 내용 전개를 위해 의학적 고증을 무시했다는 비판을 피하지는 못했다.

지금은 시청자들의 눈높이가 그때보다 훨씬 높아졌다. 그런데도 특정 직업군을 다루면서 극적 효과에만 신경을 쓰고 개연성이나 핍진성은 소홀히 하는 드라마가 여전히 눈에 띈다. 언론인을 다룬 드라마 〈허쉬〉에서 그런 아쉬움을 크게 느꼈다. 나는 기자들의 세계를 잘 모르지만, 정의감이 복받쳐 주인공이 쏟아내는 질문이 과연 저런 상황에 맞는 것일까, 실제 기자들도 같은 질문을 던질까 의심스러웠다. 방영 초기부터 억지스러운 설정과 현실감 없는 세부 묘사로 몰입감이 떨어진다는 리뷰 기사가 쏟아진 걸 보면 실제 기자들도 나와 비슷하게 느낀 듯하다.

제작진은 몇몇 묘사가 사실과 달라도 일반 시청자는 잘 모르리라 생각하겠지만, 그런 작은 빈틈이 드라마 전체의 개연성을 무너뜨리는 법이다. 그런 의미에서 〈슬기로운 의사 생활〉 같은 핍진성 있는 드라마는 '메디컬 드라마를 우리가 어디 한두 번 만들어보나', '의사 캐릭터가 다 거기서 거기지 뭐' 하는 '내 안의 꼰대 기질'과 치열하게 싸운 결과물일 것이다. 늘 해오던 익숙한 방식에 따라 사건을 구성하고 캐릭터를 구축하려는 안이한 유혹을 뿌리치고 나 자신과 사투를 벌여야만 이런 핍진성과 개연성이 빚어질 수 있다.

미래학자 앨빈 토플러Alvin Toffler는 21세기 문맹은 읽고 쓰지 못하는 사람이 아니라 '런learn, 언런unlearn, 리런relearn', 이 세 가지를 못하는 사람이라고 했다. 언런은 '배운 것을 일부러 잊는 것', 리런은 '그런 다음에 다시 배우는 것'을 가리킨다. 즉 새로운 시대에는 배우고, 일부러 잊고, 새로 배울 줄 알아야 문맹을 면할 수 있다는 말이다.

유럽경영기술대학원ESMT 리더십개발센터의 콘스탄틴 코로토프Konstantin Korotov 교수 역시 《서울경제신문》과의 인터뷰에서 4차 산업혁명 시대를 맞이한 우리의 핵심 도전 과제로 언런과 리런을 꼽았다. 그리고 오랜 숙련을 거쳐 장인이 되는 것을 최고의 긍지로 삼았던 기존 사회 구성원들에게 언런과 리런은 엄청난 충격과 두려움이 되리라 예측했다.

인간은 태어나자마자 오감을 통해 정보를 받아들이고, 수많은 놀이와 도전과 시행착오를 통해 환경에 적응하며 살아남는 법을 배운다. 유전자에 새겨진 학습 본능은 우리가 모든 경험에서 무언가를 배우고 깨치도록 유도한다. 따라서 우리가 무엇을 배운다는 것은 어찌 보면 그리 힘든 일이 아니다. 정작 어려운 일은 코로토프 교수의 말대로 그렇게 배운 모든 것을 일부러 잊고서 처음부터 다시 배우는 언런과 리런이다.

특히 자신이 잘 아는 분야에서 지금까지 배운 것을 잊고 처음부터 다시 배우기란 정말 쉽지 않다. 경험 많은 작가들이 오히려 팝진성을 잃기 쉬운 것도 이 때문이다. 잘 아는 분야, 성공을 거듭해온 영역일수록 우리는 기존에 알던 지식, 그동안 쌓아온 경험에 번번이 의존하려 한다.

우리가 경험을 중요시하는 이유는 성공하든 실패하든 경험에서 얻은 교훈이 다음에 닥칠 유사한 상황을 돌파하는 데 도움이 되리라고 믿기 때문이다. 그러나 모든 것이 급변하는 오늘날에는 '다음에 닥칠 유사한 상황' 같은 것은 없다. 우리는 매번 전례 없는 상황에서 전에 없던 문제를 해결해야 하고, 그러려면 기존에 배운 것에 얽매이지 않고 원점에서 다시 배울 준비가 되어 있어야 한다. 그런 의미에서 언런과 리런은 언리시의 기본 태도나 다름없다.

최근 소셜미디어 비리얼BeReal이 미국과 유럽의 Z세대를 매료하고 있다. 스마트폰에 'Time to BeReal'이라는 알림이 뜨면 언제 어디서 무엇을 하는 중이든 상관없이 2분 내에 전면과 후면 카메라로 동시에 사진을 찍는 것이 규칙이다. 필터나 편집 기능도 지원하지 않기 때문에 말 그대로 '리얼'하기 그지없는 사진이 찍힌다. 팔로우한 친구들의 사진을 보려면 자기 사진을 먼저 올려야 하므로 '훔쳐보기'가 불가능하고, 하루에 딱 한 번만 게시물을 업로드할 수 있어서 과몰입하기도 어렵다.

팔로워나 '좋아요' 수에 연연하지 말고, 꾸미지 않은 일상을 진솔하게 공유하자는 이 앱의 콘셉트는 SNS의 성공 공식에서 크게 벗어나 있다. 페이스북이나 인스타그램을 성공 모델로 삼았다면 나올 수 없는 콘셉트다. 너무나 확실한 성공 공식이 우리 눈앞에 있을 때 이를 따르려는 유혹을 뿌리치기란 정말로 어렵다. 그러나 누군가는 그 공식을 일부러 잊고, 그렇게 편견 없이 새로워진 시선으로 처음부터 다시 배운다. 그런 의미에서 아무도 예상하지 못했던 비리얼의 성공은 언런과 리런의 결과물이다.

"정말 그럴까요?" 삼성전자 근무 시절, 내 멘토와도 같았던 신광섭 그룹장님은 내가 어떤 일을 확신할 때마다 이렇게 묻곤 했다. 결론을 내리기에 앞서 정말 그런지 의심해보고 다른 경로로 더블 체크를 해보라는 뜻이었다. 이 질문을 받으면 자기 확신으로 정신없이 달려가던 생각에 브레이크가 걸렸다. 그러게, 정말 그럴까? 일단 멈추고 다시 생각하면 이번에는 그렇지 않다는 근거가 수십 가지씩 떠올랐다. 그때부터 나 자신에게 "정말 그럴까?" 하고 한 번 더묻는 습관이 생겼다.

이런 과정을 거치면 최소한 구태의연하거나 꼰대 같은

미국과 유럽에서 인기몰이 중인
새로운 콘셉트의 SNS 비리얼
(출처: BeReal 앱스토어)

아이디어를 낼 일은 없을 것이라 확신한다. 무언가를 웬만큼 안다고 느끼는 순간이야말로 가장 실패하기 쉬운 때이므로 언런과 리런을 할 타이밍이라는 사실을 늘 잊지 않으려 한다.

애매함을 받아들이는 인내심은 왜 필요한가

· · ·

'모호함에 대한 인내심tolerance of ambiguity'이라는 교육심리학 용어가 있다. 모호한 개념을 큰 내적 갈등 없이 수용하는 능력을 가리킨다. 가령 책을 읽다가 모르는 단어가 나올 때 모호함에 대한 인내심이 강하면 그 뜻을 어림짐작하거나 추측하여 다음으로 넘어갈 수 있지만, 모호함에 대한 인내심이 약하면 갑갑함을 견디지 못해 흥미를 잃거나 아예 읽기를 포기해버린다.

세계적인 사모펀드 칼라일 그룹Carlyle Group의 CEO인 이규성은 한 인터뷰에서 '모호함에 대한 인내심'을 언급하면서 앞으로는 이 능력이 점점 더 중요해지리라고 단언했다. 모호한 상황에서도 포기하지 않고 끝까지 견디면서 창의적인 해결안에 이를 수 있는 사람이 미래 인재가 될 것이라는 말이었다.

　　모호함을 견디는 능력이 왜 새삼스레 주목받을까? 세상이 점점 예측 불가능한 방향으로 흐르면서 불확실성이 커지고 있기 때문이다. 『위대한 리셋COVID-19: The Great Reset』에서 세계경제포럼의 창립자인 클라우스 슈바프Klaus Schwab는 불확실성의 세상에서 불안과 걱정에 시달리다 보면 결국 인간은 모호함을 지우기 위해 '인지적 종결 욕구need for cognitive closure'에 사로잡히게 된다고 지적했다.

　　인지적 종결 욕구란 사회심리학자 아리 크루글란스키Arie W. Kruglanski가 제시한 개념인데, 어떤 질문이나 문제의 모호함을 회피하고자 확고한 정답을 구하려는 심리를 가리킨다. 이 욕구가 강한 사람은 직관에 따라 빠르게 결정하고, 이렇게 얻은 답이 불확실성을 줄여준다고 판단되면 설령 그게 정답이 아닐지라도 더는 고민하지 않고 끝까지 번복하지 않으려 한다. 자기 결정을 확신하고 관련 정보를 주변과 충분히 공유하지 않으며 타인의 의견을 잘 받아들이지도 않는다. 한마디로 어리석고 섣부른 결정을 내릴 가능성이 커진다는 말이다. 만일 어떤 집단에서 이런 사람이

'화끈하고 카리스마 넘치는' 의사결정권자로 평가받는다면 그야말로 재앙이 따로 없을 것이다.

무엇보다 큰 문제는 고민하지 않고 빠르게 답을 얻기 위해 기존 질서가 주는 단순함과 편안함을 좇다가는 결국 편견과 선입견에 기대게 된다는 점이다. 이것이 슈바프가 인지적 종결 욕구를 "새로운 것을 받아들이지 않고, 과거의 것을 반복하려는 인지적 경향"으로 정의한 이유일 것이다.

한편 모호함에 대한 인내심이 강하고 인지적 종결 욕구가 약한 사람은 문제 해결 과정의 불확실함과 애매한 상황을 즐기고 유연하게 대처한다. 최대한 많은 자료를 검토해 신중하고 정확하게 결정하려 하고, 이 과정에서 실패를 경험하더라도 새로운 해결책을 도출하는 기회로 삼는다.

앞으로의 세상은 그간 구축된 지식 체계를 기반으로 단 하나의 정답만을 도출하는 방식으로 굴러가지 않을 것이다. 흑백으로 분명히 나뉘거나 인과관계가 명료하게 맞아떨어지는 현상도 없을 것이다.

무엇 하나 명징하지 않은 혼란 속에서 누군가는 불안에 떨다가 과거의 방법을 답습하고 편견과 선입견을 강화하는 전략을 취한다. 그러나 누군가는 우리의 오랜 조상이

귓가에 속삭이는 고정관념을 거부하고 "정말 그럴까?"라고 자신에게 한 번 더 묻는다. 지금까지 자신을 성공으로 이끈 모든 경험과 가르침에 기대지 않고 혹독한 언런과 리런의 과정 속에 자신을 던진다. 불안하다고 해서 쉽고 뻔한 답에 안주하지 않으려는 이런 태도야말로 불확실한 미래에 나 자신의 능력을 키우는 가장 확실한 방안일 것이다.

04

고해상도 자기 설명서
– 언리시의 두 번째 비밀

우연히 문화체육관광부 정책주간지《공감》에 실린 정관 스님의 인터뷰 기사를 읽었다. 백양사 천진암 주지인 정관 스님은 한국 사찰 음식의 대가로, 넷플릭스 다큐멘터리 〈셰프의 테이블 시즌 3〉 첫 에피소드의 주인공이기도 하다.

인터뷰에 따르면 스님은 식재료에서 버리는 부분이 거의 없다고 한다. 가령 더덕이 하나 있으면 몸통은 잘 다듬어 장아찌로, 머리와 껍질은 말려서 차로, 잔뿌리는 갈아서 음료로 먹는 식이다. 오래되어 푸석해진 수박은 팔팔 끓여

차를 만들고, 양배추의 시든 겉잎은 채를 썰어 절인다. 대학에서 요리를 가르칠 때는 학생들이 쓰레기통에 버린 식재료를 조리 테이블에 쏟아놓고 그것만으로 요리해보라고 한 적도 있었단다. 모든 식재료는 생명이니 버리는 부분 없이 요리해 남김없이 먹어야 한다는 가르침이다. 식재료를 존중하는 마음이 있어야 지속 가능한 요리, 지속 가능한 삶이 가능하다는 스님의 말씀이 인상적이었다.

인터뷰를 읽는 내내 정관 스님이야말로 언리시의 대가가 아닌가 하는 생각이 들었다. 하나의 식재료를 먹을 수 있는 부분과 먹을 수 없는 부분으로 나눈다는 것은 식재료를 이해하는 범위가 그만큼 한정적이라는 뜻이다. 정관 스님은 먹을 수 있는 부분, 없는 부분이 따로 있다는 고정관념에서 벗어나 모든 식재료의 전체를 생명이자 존중받을 대상으로 재정의한다. 푸석푸석한 수박 쪼가리든, 질기디질긴 양배추 겉잎이든 그 안에 깃든 가능성과 잠재력을 발견해 훌륭한 요리로 탈바꿈한다.

우리는 주변의 환경, 도구, 정보, 재료 등을 쓸 만한 부분과 그렇지 못한 부분, 강점과 약점, 장점과 단점으로 나누는 데 익숙하다. 우리가 둔하고 무딘 칼로 함부로 베어서 쓰레기통에 버린 가능성과 잠재력이 얼마나 많을까 생각해보자. 내가 지닌 대부분을 쓰레기통에 버렸으니 정작 도마 위에 남은 부분이 더 초라해 보일 것이다.

정관 스님의 부엌에는 쓰레기통이 필요하지 않듯, 언리시의 관점으로 보면 나의 주변 환경, 내가 지닌 도구와 정보와 재료에서 버릴 부분은 단 하나도 없다. 나를 둘러싼 모든 것이 내게 쓸모 있고 귀한 무기가 된다.

잠재력을 계발하고, 장점을 극대화하고, 약점을 보완하자는 이야기가 아니다. 수분이 다 빠진 수박과 시들시들한 겉잎을 다시 싱싱하게 되돌리려면 시간을 되돌리는 방법밖에 없다. 그러니 수분이 빠졌으면 빠진 대로, 시들하면 시들한 대로 그 특성을 살려서 가장 잘 어울리는 방식으로 요리하자는 것이다.

그런 의미에서 내가 말하는 잠재력과 가능성은 결코 강점, 장점과 동의어가 아니다. 잠재력과 가능성은 강점과 장점에만 있는 게 아니라 내가 지닌 모든 것에 있다. 따라서 환경, 도구, 정보, 재료 등을 강점과 약점, 장점과 단점으로 함부로 재단하지 말고 그저 '특성'으로 바라볼 줄 알아야 한다.

정관 스님이 재료 탓을 할 리 없듯이 언리시할 줄 아는 사람은 남 탓, 환경 탓, 도구 탓을 하지 않는다. 대신 다른 사람 덕분에, 주변 환경 덕분에, 내가 지닌 도구와 정보와 재료 덕분에 무한한 가능성과 잠재력을 발견한다. 이것이 바로 언리시하는 사람의 두 번째 비밀이다.

김태희처럼 성공하지 못하면 윤여정처럼 성공하라

• • •

'매치Match 3'이라는 게임 장르가 있다. 똑같은 블록 3개를 모아서 한꺼번에 터뜨리는 게임으로, 애니팡이나 캔디 크러시 사가Candy Crush Saga 등이 대표적이다. 1980년대 후반에 선보인 매치 3 게임이 오늘날까지 계속 사랑받는 이유는 무엇일까? 규칙이 단순해 누구나 쉽게 게임에 진입할 수 있다는 점, 모바일 환경에 최적화된 방식으로 그래픽이나 규칙 등이 변화한 점, 특히 SNS와 연동해 소셜 네트워크 게임으로 진화한 점 등을 꼽을 수 있을 것이다.

그런데 게임 이용자들이 이 단순한 게임에 싫증을 내지 않는 가장 큰 이유는 따로 있다. 뉴욕대 스턴경영대학원에서 마케팅과 심리학을 가르치는 애덤 올터Adam Alter 교수는 행위 중독을 다룬 자신의 저서 『멈추지 못하는 사람들 Irresistible』에서 비디오 게임 디자이너인 베넷 포디Bennett Foddy와 나눈 대화를 들려준다.

포디에 따르면 게임 성공 여부를 결정하는 요인은 규칙이 아니라 '주스juice'다. 그는 주스를 "게임 규칙 위를 덮고 있는, 겉으로 드러나지 않는 피드백 층"이라고 설명하는데, 한마디로 게이머가 정해진 규칙에 따라 움직였을 때 빛이 번쩍이거나 소리가 터져 나오는 등 보상이 주어지는 체계를 뜻한다. 주스가 없으면 게이머는 게임에 집중하기 어렵다. 포디가 주스를 "게임에 꼭 있어야 하는 것은 아니지만 게임이 성공하는 데는 필수 조건"이라고 말하는 이유다. 그러니까 오래전에 탄생한 매치 3 게임이 아직도 사람들을 매료하는 것은 주스, 다시 말해 블록 3개가 서로 만나서 터지는 순간의 화려한 그래픽과 효과음이 우리 뇌에 엄청난 쾌감을 주기 때문이다.

비단 매치 3 게임에만 한정되는 이야기가 아니다. 인공지능 홈트레이닝 앱을 개발한다고 하자. 사용자가 동작을 제대로 따라 하는지 아닌지 인공지능이 판단해 점수를 매겨주는 앱이다. 동작을 완벽하게 따라 하면 화면에 +1이, 틀리게 따라 하면 −1이 뜬다. 이 앱이 사용자를 만족시키려면 어떤 요소가 필요할까?

개발자는 사용자의 동작을 정교하게 감지하는 기술력이 중요하다고 생각하기 쉽다. 그러나 정작 사용자는 점수가 매겨질 때마다 불꽃이 팡팡 터진다거나 번개가 친다거나 하는 식의, 눈과 귀를 사로잡는 강렬한 효과를 원한다. 이 주스가 얼마나 매력적이냐에 따라 앱에 대한 만족도가 달라진다.

무엇이 사용자를 만족시키느냐는 질문에 모범 답안은 없다. 있어도 그만, 없어도 그만인 줄 알았던 주스가 사실은 게임 이용자를 끌어들여 붙들어두는 필수 요소인 것처럼, 우리가 사소하게 여긴 요소가 일의 성패를 가르는 중요한 요소가 될 수 있다.

누가 성공하는 사람이 될까? 그들에겐 어떤 비밀이 있을까? 새벽 일찍 하루를 시작하라, 기상 직후에 이부자리부터 정리하라, 주변을 깨끗하게 정돈하라, 시간을 분초 단위로 쪼개어 계획을 세워라, 명상하라……. 하지만 이런 성공 비법을 거부하고도 성공하는 사람은 분명 있다.

성공 공식은 하나가 아니라 성공한 사람 수만큼 다양하다. 김태희 배우처럼 성공하지 못하면 윤여정 배우처럼 성공하면 된다. 누군가는 완벽한 외모, 고학력 스펙으로 성공하지만, 또 누군가는 개성과 다양한 인생 경험으로 성공한다. 누군가는 어린 나이부터 두각을 드러내지만, 또 누군가는 길고 긴 정체기를 거쳐 뒤늦게 그 가치를 인정받는다.

성공 또는 실패 요소를 분석하는 일은 다분히 결과론적일 수밖에 없다. A라는 이유로 반드시 성공했다기보다 성공하고 돌아보니 그 이유가 A에 있다는 식이다. 뚜껑을 열어보기 전까지는 무엇이 가장 효과적인 전략, 결정적인 한 방이 될지 아무도 예상할 수 없다.

이 사실을 인정하고 받아들이면 우리가 할 수 있는 최선은 명확해진다. 섣부른 재단으로 '먹힐 전략'과 '그렇지 않은 전략'을 구별할 게 아니라 모든 전략을 가능성으로 받아들여야 한다. 장단점을 파악하려 하지 말고 그냥 특성으로 여겨야, 그리고 그 특성 전부를 내 재료로 쓸 줄 알아야 이전에 없던 새로운 가능성이 발견된다.

자신에게는 잠재력이 없다고 좌절하는 당신에게

· · ·

우리나라 SNS의 효시 격인 싸이월드에 한때 백문백답이 유행했다. 이름, 성별, 생일, 키, 몸무게부터 좋아하는 연예인이나 색깔, 이상형과 좌우명, 버킷 리스트에 이르기까지 시시콜콜한 질문에 답하는 게시물인데 최근 인스타그램에서 '무물(무엇이든 물어보세요)' 형식으로 다시 유행하고 있다.

자기소개 비슷한 것을 해야 할 때마다 나는 백문백답 형식을 즐겨 쓴다. 출신 지역이나 학교, 그동안 거쳐온 직장 등을 줄줄이 읊어대는 것은 너무 상투적일뿐더러 오히려 나에 대한 선입견이나 편견을 강화할 우려가 있어서 시시콜콜하고 사소한 특성들을 그저 쭉 나열하는 방식을 더 좋아한다.

이것을 나는 '고해상도 자기 설명서'라고 부른다. 자기 설명서를 '고해상도'로 작성하라는 말은 그만큼 나를 세심하고 꼼꼼하고 객관적으로 들여다보라는 뜻이다. 거창한 정보를 찾을 필요는 없다. 오히려 싸이월드의 백문백답이나 인스타그램의 무물처럼 아주 사소하고 하찮아 보이는 정보가 더 유용할 때가 있다.

내가 좋아하는 색깔이나 인생 드라마가 뭐 그리 대단한 정보일까 싶겠지만, 언리시의 관점으로 보면 그렇지 않다. 언리시는 단점을 단점이 아니라 그저 특성으로 파악하고, 이를 가능성과 잠재력으로 재정의하는 것이다. 따라서 나의 특성, 나에 관한 정보를 많이 알고 수집하는 일이 무엇보다도 중요하다. 도무지 쓸모라고는 없어 보이는 특성도 상황에 따라서 나만의 무기가 될 수 있기 때문이다.

그러려면 자기 특성을 가치 판단 없이 객관적으로 적어야 한다. 적는 순간부터 이미 자기 특성을 부정적으로 표현하면 언리시하기가 쉽지 않다. 기업에서 마케팅 전략을 짜기 위해 가치 중립적인 데이터를 최대한 많이 확보하는 것과 비슷하다고 생각하면 된다.

이해를 돕기 위해 나 자신의 고해상도 자기 설명서를 조금 공개하겠다(계속 업데이트 중이라 실제로는 항목 수가 훨씬 많다).

- 책을 손에 잡으면 15분 내로 잠든다.
- 대졸 취업 시즌에 기업 19군데에서 연락을 못 받거나 거절 메

일을 받았다.

- 등차수열을 좋아한다.
- 주말 새벽에 매봉터널에서 성수대교까지 운전하며 음악 듣는 것을 좋아한다.
- 숫자를 잘 기억한다.
- 불친절한 서비스를 경험하면 내가 저보다는 친절하니 경쟁력이 있구나 하는 마음에 오히려 안심된다.
- 검은 색상의 옷을 좋아한다. 부득이 다른 색상을 입어야 할 때는 흰색을 고른다.
- 부끄럽거나 당황하면 귀가 빨개진다.
- 입대 직후 머리에 맞는 철모가 없어서 훈련을 며칠간 쉰 적이 있다.
- 아침 시간대에는 활자가 눈에 잘 안 들어온다.
- 어떤 분야든 부지런한 사람을 보면 내가 뒤처진다는 공포심이 든다.
- 몸에 열이 많아서 한겨울에도 반팔 티셔츠를 입는다.
- 잠을 자면 스트레스가 어느 정도 해소된다.
- 카투사 시절부터 지금까지 헤어스타일이 같다. 삼성에 근무할 때도 이 스타일을 고수했다.

- 사람 만나고 온 날에는 완전히 뻗는다.

- 새로운 사람을 만날 때는 대화가 끊기지 않도록 그 사람과 관련한 화제를 두어 가지 미리 준비해야 마음이 놓인다.

- 집 안에 물건이 많은 것을 싫어해서 스마트TV와 침대만 놓고 산다.

- LA에서든 강원도 산골에서든 나를 현지인으로 알고 길을 물어보는 사람이 꼭 있다.

어디에 도움이 될까 싶을 만큼 사소한 특성들이지만, 언런과 리런을 통해 선입견을 지우고 새로운 시선으로 다시 살피면 색다른 쓰임새가 보일 것이다.

가령 취업 시즌에 여러 기업에서 거절당한 덕분에 실패에 크게 상처받지 않는, 때로는 안 될 걸 알면서도 도전하는 회복 탄력성이 높은 사람이 될 수 있었다. 등차수열을 좋아해서 새벽 4시 56분에 일어나는 게 오랜 버릇이 되었다. 주말 새벽에 운전하며 음악을 들으려고 주말에 쉴 때도 늦잠을 거의 자지 않는다. 맞는 철모가 없을 정도로 머리가 큰 덕분에 만나기로 한 사람이 수많은 인파 속에서도 나를 한눈에 찾아낸다. 어디를 가든 현지인 취급을 받으니 낯선 환경에서도 위축되지 않는다…….

내 특성들을 잘 파악하면 계획이나 전략을 수립하는 데도 큰 도움이 된다. 가령 고해상도 자기 설명서에 아침잠이 많다는 특성을 적은 사람이라면 아침형 인간이 되자는 새해 계획은 세워서는 안 된다. 남들 다 한다니까 나도 해봐야지, 하는 마음에 자기 특성을 고려하지 않은 계획을 세우면 실패가 반복되어 오히려 자존감만 낮아지기 쉽다. 활자가 눈에 잘 안 들어오는 사람이라면 중요한 정보는 신문, 잡지, 책 대신 유튜브나 동영상 강의로 얻어야 한다. 나 역시 오전에는 신문 사설을 읽느니 차라리 3킬로미터를 뛰는 편이 더 쉬운 사람이다. 나 자신의 이런 특성을 잘 파악한 덕분에 아침 뉴스는 주로 유튜브로 보고, 중요한 서류나 자료는 오후 시간을 활용해 읽는 식으로 계획을 세운다.

번번이 계획을 지키지 못해서 괴롭다면 자신의 의지박약을 탓하지 말고, 고해상도 자기 설명서부터 작성해보라고 권하고 싶다. 흔히 지피지기백전불태知彼知己百戰不殆라고 하지만, 치열하게 자신을 들여다보고 파악하는 사람은 의외로 드물다.

고해상도 자기 설명서로 선입견 없이 자기 특성을 들

여다보는 훈련을 하다 보면 자신뿐만 아니라 남도 같은 방식으로 파악하게 된다. 즉 타인을 대할 때 장단점을 따지지 않고 그 사람의 모든 특성을 그저 개성으로 받아들일 수 있다.

나는 '타인에게서 인사이트를 어떻게 그리 잘 뽑아내느냐'는 질문을 종종 받는데, 그 해답이 여기에 있다. 누군가의 장단점을 잘 파악해야 배울 점도 보일 것 같지만, '저 사람은 이래서 좋고 저래서 싫고' 식으로 가치 판단을 하게 되면 오히려 선을 긋기 쉬워진다. 이런 태도는 친밀한 관계뿐만 아니라 공적인 관계에도 전혀 도움이 되지 않는다. 강점과 약점, 장점과 단점을 재단하지 않고, 있는 그대로를 가치 중립적으로 받아들이는 태도야말로 오히려 타인을 폭넓게 이해하는 방법이다.

나 자신을 언리시하면 내 경쟁자가 보인다

• • •

언리시 과정을 거쳐 나 자신을 명확하게 재정의하면 또 어떤 변화가 생길까? 내 경쟁자가 달라진다. 기업으로

치면 새로운 비즈니스 모델을 창출하게 되는 것이다.

한번은 경력 직원을 채용하기 위한 인터뷰 자리에서 홍삼 식품 기업에 다니는 지원자를 만났다. 그에게 현재 해당 기업의 시장점유율이 얼마나 되느냐고 물었더니 거의 65퍼센트 정도라는 대답이 돌아왔다. 그런데 우리 팀원분이 조사한 바에 따르면 그 기업의 시장점유율은 8퍼센트 정도였다. 왜 이런 차이가 생겼을까?

지원자는 그 기업의 시장을 홍삼을 원료로 하는 건강기능식품 필드로 한정했고, 이미 시장점유율이 가장 높은 만큼 더는 성장할 요소가 없다고 보았다. 그러나 우리나라 소비자들의 검색어 상관관계를 분석해보면 홍삼 식품은 홍삼 가공식품 시장뿐만 아니라 모든 종류의 건강 관련 식품 또는 선물 시장 내에서 경쟁하고 있음을 알 수 있다. 홍삼 식품 시장을 이렇게 재정의하면 '시장 점유'의 개념 또한 달라질 수밖에 없다. 구글 트렌드에서도 이 점을 확인할 수 있는데, 홍삼 식품의 특정 브랜드와 선물 키워드 사이의 상관관계가 오히려 높다. 홍삼 식품 브랜드들 사이의 상관관계는 상대적으로 매우 낮다.

이는 기업을 재정의하고 시장을 재설정하는 일이 왜

중요한가를 단적으로 보여주는 사례다. 이 회사를 홍삼 식품 생산 기업이라고 정의하면 앞으로 성장할 시장은 35퍼센트에 불과하다. 기업의 비전도 지금처럼 더 좋은 홍삼 식품을 만들어 더 많이 판매하는 일이 될 것이다. 그러나 헬스케어 기업이라고 재정의하면 앞으로 진출할 시장의 규모가 달라지고, 비전 자체에도 일대 변화가 일어난다.

교육용 동영상 '상어 가족'을 만든 더핑크퐁컴퍼니의 경쟁사는 어디일까? 언리시를 통한 자기 재정의를 하지 못하면 몇몇 교육 플랫폼만을 경쟁사로 꼽기 쉽다. 그러나 이 회사의 김민석 대표는 경제정책 정보지 《나라경제》와의 인터뷰에서 향후 "픽사Pixar처럼 진정한 재미와 감동을 주는 회사를 만들고 싶다"라는 포부를 밝혔다. 이는 철저한 사용자 분석을 통해 '상어 가족'의 소비자는 교육뿐만 아니라 문화 전반에 관심이 크다는 결론을 도출하고, 자사를 교육 기업이 아닌 콘텐츠 기업으로 재정의해야만 나올 수 있는 비전이다.

세계 최대의 OTT 업체인 넷플릭스Netflix는 얼마 전에 게임 시장 진출을 선언했다. 넥플릭스는 주주에게 보낸 편지에서 "게임을 자체 제작 오리지널 시리즈와 같은 새로운 콘텐츠의 하나로 보고 있다"라고 밝혔다. 만일 이 회사가 콘텐츠의 정의를 영화나 드라마 시리즈로 한정했다면 이들의 경쟁사는 디즈니플러스Disney+나 아마존 프라임비디오 prime video 같은 OTT 플랫폼이 됐을 것이다. 그러나 넷플릭스는 콘텐츠를 '사람들이 여가를 보내는 모든 수단'으로 재정의했고, 이를 기반으로 게임 시장 진출을 결정했다. 같은 이유로 조만간 넷플릭스가 게임 시장을 넘어 메타버스에 진출할 가능성도 매우 크다.

자신을 재정의해 새로운 시장을 개척한 가장 흥미로운 사례는 스타벅스Starbucks다. 스타벅스의 전용 앱과 카드에 예치된 선불 충전금 액수는 무려 2조 3천억 원(2021년 9월 기준)으로, 일반 은행의 2배가 넘는다. 스타벅스 예치금은 현금으로 되돌려주거나 이자를 지급하지 않아도 될 뿐만 아니라 5년의 유효기간이 지나면 스타벅스로 귀속된다.

최근 스타벅스는 이 어마어마한 현금을 재투자해 암호화폐 거래소를 설립했다. 은행들이 스타벅스를 '가장 신경 쓰이는 경쟁사'로 꼽는 이유다. 스타벅스 간판에서 'COFFEE' 글자가 사라진 것은 이제 이 회사가 결제부터 투자, 환전에 이르는 모든 은행 업무가 가능한 핀테크 기업이 됐다는 상징일 것이다.

　이전부터 스타벅스는 커피를 생산하는 전 과정에 IT 기술을 접목하기로 유명했다. 2010년 첫 아이폰 출시에 맞춰 아이폰 전용 애플리케이션을 발 빠르게 출시한 스타벅스는 지금은 블록체인 기술로 커피 생산지부터 매장 테이블에 이르는 모든 과정을 투명하게 운영하고, 전 세계 매장의 장비를 사물인터넷 기술로 원격 관리해 커피의 맛과 향을 균질하게 유지한다. 또 인공지능 딥 브루Deep Brew로 고객의 취향, 기호, 날씨 등을 분석해 드라이브스루drive-through 대기 시간을 획기적으로 줄이는 등 쾌적한 고객 경험을 제공하고 있다. 만일 스타벅스가 자신을 '세계 최고의 커피 전문점'으로 정의했다면 이런 정도의 디지털 전환으로도 충분히 만족했을 것이다. 그러나 스타벅스는 자사를 커피 전문점이 아닌 핀테크 기업으로 새로이 정의하여 금융이라는 새로운 시장을 개척하고 있다.

　"유통업의 경쟁 상대는 이제 테마파크나 야구장이 될 것이다." 2016년 스타필드 하남의 개점을 앞두고 정용진 부회장이 한 말이다. 유통업의 중심이 온라인으로 빠르게 이동할수록 오프라인 유통 채널의 활로는 유통과 놀이의 결합이 되리라고 본 것이다. 2021년 신세계의 야구단 인수 소식에 정용진 부회장의 이 발언을 다시 떠올린 사람이 나만은 아닐 것이다.

기업의 사업 다각화는 종종 '문어발식 확장'이라 불리면서 부정적으로 평가됐다. 그러나 최근 기업 활동의 디지털 전환이 가속화되면서 핵심 사업 분야가 아니면 진출하지 말라는 오랜 비즈니스 불문율도 옛말이 되어간다. 이제 기업은 디지털 전환으로 확보한 IT 인프라와 기술로 다양한 산업 분야에 진출하고, 새로운 미래 사업을 개척하고 있다. 오늘날 같은 디지털 시대에 업業의 재정의가 무엇보다 중요한 이유다.

기업이든 개인이든 핵심 역량 하나에만 매달리는 시대는 지났다. 이제 스스로에 대한 다양한 데이터를 수집하여 자신을 새로이 정의하는 언러시를 거치고 이를 기반으로 새로운 시장, 새로운 직무를 끊임없이 만들어가야 한다.

05

긍정과 낙관
– 언리시의 세 번째 비밀

RAK Random Acts of Kindness라는 말이 있다. 우리말로 옮기면 '그냥 한번 친절해보기' 정도가 되려나. 이유 없이 무작위로 베푸는 작은 친절이라는 뜻이다. 미국에서 가장 흔한 RAK 사례는 다른 사람의 파킹 미터parking meter에 동전을 넣어주는 것이다. 파킹 미터가 설치된 주차장은 정해진 시각에 차를 빼지 않으면 벌금이 꽤 큰데, 이렇게 시간이 다 된 미터기가 우연히 눈에 띄면 기꺼이 자기 주머니를 털어 동전을 넣어주는 사람들이 있다. 이런 친절은 연쇄반응을 일으킨다. 누군가 내 파킹 미터에 동전을 대신 넣어주면 나도 타인에게 같은 친절을 베풀게 된다. 호의를 베푼 당사자에게는 보답할 수 없어도 그 호의가 사라지지 않고 다른 누군가에게로 반드시 옮겨 간다.

한번은 인터넷에서 흥미로운 기사를 읽었다. 미국 플로리다주의 한 여성이 맥도날드 드라이브스루를 이용하다가 뒤차의 음식 값을 대신 내주는 작은 친절을 베푼다. 점원에게서 이 이야기를 전해 들은 뒤차 운전자도 기꺼이 자기 뒤차의 음식 값을 내겠다고 나선다. 그 뒤차도, 또 그 뒤차도 연달아 다음 차의 음식 값을 대신 지불한다. 이런 식으로 무려 250대의 차량이 RAK 행렬을 이어갔다.

이 릴레이를 시작한 여성이 지역 TV 프로그램에 소개되면서 그 미담은 미국 전역에서 엄청난 화제를 모았다. 여기에 깊은 감화를 받아 나도 일상에서 친절 릴레이를 실천해보기로 했다. 남산터널을 지나면서 내가 뒤차의 혼잡 통행료 2,000원을 대신 내주면 어떤 일이 벌어질까, 플로리다주 맥도날드 매장에서처럼 친절 릴레이가 이어질 수 있을까 궁금했다. 뒤차 한 대에만 기대를 걸면 확률이 떨어지니 뒤에 오는 차 네 대의 통행료를 전부 내보기로 했다.

처음에는 나쁜 일을 하는 것도 아닌데 이상하게 가슴이 벌렁대고 손이 떨리더니 서너 번을 넘기고 나서부터는 꽤 능숙해졌다. 남산터널 친절 릴레이가 성공했다면 뉴스까지는 아니어도 SNS나 커뮤니티에는 소식이 올라올 텐데 아직은 잠잠하다. 그래도 포기하지 않고 남산터널을 지날 때마다 꾸준히 시도해볼 생각이다. 통행료 2,000원을 대신 내는 일이 대단한 선행은 아니지만, 그 덕분에 누군가가 기분 좋은 하루를 보내고 작은 선의의 힘을 믿게 된다면 그것만으로 충분히 의미 있는 일이라 생각한다.

무엇보다 이런 시도는 긍정적이고 낙관적인 마음을 지속시키는 훈련이 된다는 점에서 내게 매우 중요하다. 주변 사람이나 낯선 타인에게 보답을 바라지 않는 작은 선의를 베푸는 일은 긍정성과 낙관성을 유지해야만 가능하다. 그런데 신기하게도 타인에게 선의나 친절을 베풀다 보면 긍정성과 낙관성이 강화된다. 일종의 선순환 구조가 만들어지는 것이다. 핵심은 '긍정적인 실행력'이다. 긍정적인 마음가짐으로 두려움 없이 도전하다 보면 성패와 상관없이 긍정성이 더 확고해진다.

이런 이유로 나는 한국형 친절 릴레이가 가능하리라는

희망을 포기하지 않고 계속 도전해보려 한다. 뒤에 오는 사람을 배려하여 문을 잡아주거나 하는 작은 친절도 일상에서 꾸준히 실천할 생각이다. 이런 긍정적 행동이 나의 시각을 긍정적이고 낙관적으로 유지하는 데 분명 도움이 될 거라 믿는다.

데이터가 쌓일수록 우리는 더 긍정적인 사람이 된다

• • •

때로는 내가 지닌 정보의 양과 질이 해석의 방향을 결정짓는다. 남산터널의 친절 릴레이만 해도, 내 뒤로 몇 대의 차량이 친절 릴레이에 동참한 사실을 내가 모를 가능성도 있다. 아니면 내가 작은 선의를 베푼 네 대의 차량에 불가피한 사정(가령 카드로는 여러 대의 통행료를 한꺼번에 지불할 수 없는데 현금이 없었다거나)이 있어서 릴레이를 이어갈 수 없었을지도 모른다. 이 모든 경우의 수를 다 따져보기 전에는, 그러니까 모든 데이터를 다 분석해보기 전까지는 내 선의가 아무런 반향도 일으키지 못했다거나 우리 사회는 각박해서 친절 릴레이를 이어갈 수 없다거나 하는 부정적 평가를 내릴 수 없다.

시선을 오늘 하루에만 한정시키면 세상은 지옥과 다를 바 없어 보인다. 포털 사이트의 첫 화면 뉴스만 해도 치솟는 물가, 심화하는 세대 갈등과 빈부 격차, 각종 범죄와 비리 사건 등 절망적인 소식으로 넘쳐난다. 그러나 하버드 대 교수이자 저명한 인지심리학자인 스티븐 핑커Steven Pinker 는 『지금 다시 계몽 Enlightenment Now』에서 인류의 삶이 나아지고 있다고 낙관한다. 그 증거로 그는 방대한 데이터를 끌어온다. 생명, 건강, 식량, 부, 불평등, 환경, 평화, 안전, 평등권 등 측정 가능한 여러 지표에서 지난 수세기 동안 인류가 진보하고 있음이 분명히 드러난다는 것이다. 심지어 핑커는 환경문제가 매우 심각하다는 사실은 인정하면서도 환경이 얼마나 파괴됐는가가 아니라 인류가 환경을 개선할 기술을 얼마나 갖추고 있는가에 주목해야 한다고 말한다.

지난 24시간 동안의 데이터만 들여다본 사람은 비관주의자가 되기 쉽지만, 수세기 동안의 데이터를 분석한 사람은 낙관주의자가 된다. 두려움, 공포, 혐오 등 부정적인 감정을 유발하는 대상은 언제나 우리가 잘 모르고 이해하지 못하는 무언가다. 데이터가 쌓일수록, 그래서 무언가를 더 잘 이해하게 될수록 우리는 그런 부정적 감정에서 벗어나 더 긍정적이고 낙천적인 태도를 지닐 수 있다.

나도 부정적이고 비판적인 의견을 내는 사람이 무리에서 가장 똑똑해 보인다는 것을 잘 안다. 부정적인 의견은 늘 강력해서 한두 가지 근거만으로도 사람을 설득하고 사로잡는 데 성공한다. 반면 긍정적인 의견은 현실감각이 없고 순진하며 어리석어 보이는 경향이 있다.

하지만 내가 말하는 긍정성, 낙관성은 무턱대고 다 잘될 거라며 현실을 무시하거나, 앞뒤 가리지 않고 무조건 '하면 된다'는 식으로 밀어붙이는 것이 아니다. 그보다는 핑커가 잘 보여주었듯 충분한 양의 데이터를 면밀하게 분석한 뒤 '되는 방향으로' 긍정적인 실행력을 발휘하는 것이다.

가령 "유튜브는 어차피 시청자 수가 엄청나니까 유튜브 팀은 잘될 수밖에 없다"라는 말은 긍정적일까, 부정적일까? 내 기준으로는 염세적이고 부정적인 말이다. 조건이 좋으니 성공할 수밖에 없다는 말은 곧 조건이 달라지면 실패할 수도 있다는 말이자 상황 탓, 남 탓을 하는 말이기 때문이다. "어차피 우리 팀은 잘되고 있는데, 면접 인터뷰를 왜 그리 깐깐하게 보느냐"라는 말은 어떨까? 언뜻 들으면 낙관적인 전망을 담은 말 같지만, 이 역시 내게는 부정적인 말이다. 지금 우리 팀이 일을 잘하고 있는 것은 상황이 좋아서가 아니라 깐깐한 인터뷰를 통해 긍정적인 실행력을 가진 인재들이 영입됐기 때문이라고 보는 편이 훨씬 긍정적이고 건설적이다.

이렇듯 낙관적인 사람이 되기란 부정적인 사람이 되기보다 늘 어렵다. 그 낙관성이 데이터에 기반해야 한다면 더욱 그렇다.

일이 되게 하는 사람 vs. 일이 안 되게 하는 사람

• • •

내가 말하는 긍정과 낙관에 가장 가까운 개념은 스탠퍼드대 심리학 교수인 캐럴 드웩Carol Dweck이 제시한 '성장 마인드셋'이다. 드웩은 『마인드셋Mindset』에서 인간의 기본 능력과 재능을 고정된 기질로 보느냐, 끊임없는 배움을 통해 성장하는 기질로 보느냐에 따라 마음가짐을 '고정 마인드셋Fixed Mindset'과 '성장 마인드셋Growth Mindset'으로 나눈다.

그리고 성장 마인드셋을 지닌 사람이 고정 마인드셋을 지닌 사람보다 성공할 가능성이 훨씬 크다고 밝히면서, 우리가 자신의 재능과 능력을 어떻게 생각하느냐가 인생 모든 분야의 성공 여부를 결정한다고 역설한다. 자기 능력이 정해져 있다고 믿는 고정 마인드셋을 지닌 사람은 어차피 해도 안 된다는 생각에 어려움을 회피하거나 금세 포기하지만, 노력으로 자기 능력이 향상할 수 있다고 믿는 성장 마인드셋을 지닌 사람은 어려움에 굴하지 않고 더 큰 노력을 기울인다는 것이다.

가령 모 백화점의 VIP 고객 70명을 직원 2명이 나누어 관리하는 가장 효율적인 방법을 구상해야 한다고 하자. 부정적인 사람, 고정 마인드셋을 지닌 사람은 일단 이 상황에 짜증부터 난다. 이 많은 사람을 어떻게 우리 둘이서 다 맡으라는 것이냐, 왜 우리 둘만 덤터기를 써야 하느냐는 불평불만이 쏟아진다. 그렇다고 일을 안 할 수는 없어서 기껏 생각해낸 방법이 장부의 순서대로 반반씩 나누기, 매출에 따라 상위 35명과 하위 35명으로 나누기 등이다. 이유를 물으면 "두 직원의 업무량이 같아야 하니까", "어떻게 나누든 큰 차이가 없어 보여서"라는 대답이 돌아온다. 다시 말해 아무런 이유도, 의미도 없는 방법이라는 것이다.

반면 긍정적이고 낙관적인 사람, 성장 마인드셋을 지닌 사람은 가장 효율적인 관리 방법을 찾는 데만 주력한다. 먼저 VIP 관리팀의 존재 목적이 VIP들에게 더 나은 서비스를 제공해 매출을 늘리는 데 있음을 재확인하고, 이런 목적에 충실하기 위해서는 VIP 담당자가 자주 교체되지 않는 편이 유리하다는 판단을 내린다. 그리고 고객의 직업, 나이, 주로 구매하는 제품의 카테고리 등을 고려한 여러 방법을 생각해낸다.

이처럼 부정적인 사람과 낙관적인 사람의 차이는 단순한 기질 문제가 아니라 일의 과정과 성과에까지 영향을 미치는 요소가 될 수 있다. 고정 마인드셋을 지닌 부정적 사람은 자기 일에서 성과를 못 내는 것은 물론이고 함께 일하는 사람의 발목까지 붙들고 늘어지기 쉽다. 그러나 성장 마인드셋을 갖춘 긍정적 사람은 자신뿐만 아니라 함께 일하는 사람까지 성장시킨다. 한마디로 일이 되게 만드는 사람, 일이 잘 돌아가게 하는 사람이라는 것이다.

"제 퍼포먼스 수준이 어느 정도인지 말씀해주실 수 있나요?" 가끔 내게 이런 질문을 하는 팀원분이 있다. 이런 질문은 더 성장하고 싶은 사람만이 할 수 있다. 대개는 기한 내에 맡은 일을 다 끝내는 것으로 만족하고 안도하는데, 누군가는 여기서 한 발자국 더 나아가 일을 통해 성장하려 한다. 자신에게 더 큰 가능성과 잠재력이 있음을, 더 성장할 수 있음을 아는 것이다.

내가 긍정과 낙관을 이토록 강조하는 것은 언리시에 이 두 가지가 꼭 필요하기 때문이다. 언리시란 고정관념을 버리고 새로운 시선으로 이미 내재한 가능성과 잠재력을 발견하는 일이다. 따라서 가능성과 잠재력의 존재 자체를 의심하지 않는 것이 무엇보다 중요하다.

저명한 언어학자인 놈 촘스키Noam Chomsky는 "희망이 없다고 가정하면 희망이 없다고 확신하게 된다. 무언가 바꿀 기회가 있다고 가정하면 좀 더 나은 세상을 만들기 위해 공헌할 가능성이 생긴다"라고 했다. 우리가 무엇을 긍정하고 확신하느냐에 따라 현실이 확연히 달라질 수 있다는 말이다. 내가 지닌 모든 도구와 정보, 나를 둘러싼 모든 환경이 이미 나의 가능성이자 잠재력이라는 사실을 믿어야만 언리시가 가능하다. 잠재력은 그 존재를 부정하지 않는 사람의 눈에만 보이는 법이다.

일이 되게 하는 긍정과 낙관의 언리시 화법

. . . .

나는 긍정성과 낙관성을 타고나는 기질이라고 생각하지 않는다. 타고나는 면도 있겠지만, 상당 부분은 후천적인 노력을 통해 획득할 수 있다고 여긴다.

팀원분들과 업무에 관한 이야기를 나눌 때마다 나는 긍정성에 방점을 둔 두 가지 질문을 던진다. 첫 번째 질문은 "왓 웬트 웰What Went Well?"이다. 무엇을 잘했는지, 어떤 일이 잘됐는지 묻는 것이다. 두 번째 질문은 "시간이 더 주어지거나 조건이 더 좋아진다면 무엇을 얼마나 더 잘할 수 있을까?"다. 어차피 아쉬운 점을 묻는 것 아니냐고 할 수도 있지만, 질문 형태를 조금만 바꿔도 듣는 이의 마인드셋이 달라진다. 무슨 일이든 '이 정도면 됐어'라고 만족하지 않고 '더 잘할 수 있는 부분이 있지는 않을까' 하고 한 번 더 생각해보는 습관이 생긴다.

기업의 업무 평가는 대개 '왓 웬트 웰'과 '왓 웬트 롱What Went Wrong'을 함께 다룬다. 전에 다니던 대기업의 업무 평가도 대체로 이랬다. "이번 분기에는 A라는 성과가 있었지만, B라는 목표는 달성하지 못했습니다. 그러니 다음 분기에 B를 관철하기 위해 이러저러한 노력을 더 기울여봅시다." 공과에 따라 당근과 채찍을 분명히 보여줘야 사기를 높이고 의욕을 고취할 수 있다고 본 것이다.

그러나 '왓 웬트 롱'을 언급하면 그 순간 곧바로 고정 마인드셋이 발동된다는 것을 알아야 한다. "뭐가 왜 잘못됐냐고? 상황과 조건이 이러저러했으니 당연히 일이 안 되지." 이런 부정적이고 자기방어적인 반응이 자동으로 튀어나온다. 코칭이라는 명목으로 잘한 부분과 잘하지 못한 부분을 짚어줘도 마찬가지다. 대기업에 다니는 동안 나도 많이 경험한 바다.

이런 이유로 구글은 무엇이 왜 잘못됐냐고 묻는 대신에 상황과 조건이 더 좋았다면 무엇을 더 잘할 수 있었겠느냐고 묻는다. 이런 긍정적 질문은 성장 마인드셋을 고취하고 모두에게 긍정과 낙관의 기운을 불어넣는다. 당신은 더 잘될 수 있다, 성장할 수 있다는 메시지를 전달하는 질문이기 때문이다.

내가 강조하는 또 하나는 대화할 때 긍정적인 톤을 유지하는 것이다. "이건 이래서 안 되고 저건 저래서 안 됩니다", "어차피 해봐도 안 될 게 뻔합니다" 식의 발언은 우리

팀에서는 해서는 안 된다. 정 어려운 상황이라면 이렇게는 말할 수 있다.

"제가 이 문제를 해결하기 위해 세 가지 방법을 구상했는데 첫 번째 방법은 이런 이유로, 두 번째와 세 번째 방법은 저런 이유로 잘되지 않았습니다. 그래서 또 다른 방법을 찾는 중입니다."

이 또한 그동안 시도한 모든 방법이 결국 실패했다는 말이지만, 결정적인 차이가 있다. 전자는 일이 안 되게 하는 화법이고, 후자는 일이 되게 하는 화법이라는 점이다.

컨설팅 회사에 근무할 때 내가 많이 듣기도, 하기도 했던 말은 "당신은 이것보다 더 잘할 수 있다 You can do better than this"였다. 만일 "겨우 이 정도밖에 못 하나? 이렇게 말고 저렇게 했어야지"라는 식으로 대화하는 문화에서 업무를 배웠다면 지금처럼 긍정과 낙관을 돋보기 삼아 새로운 잠재력을 발견하는 사람은 되지 못했을지도 모른다.

긍정과 낙관이 몸에 배게 하고 싶다면, 성장 마인드셋을 장착하고 싶다면, 언리시를 하고 싶다면 방법은 의외로 간단하다. 긍정적인 말투를 연습하면 된다. 언어는 단순한 의사소통 수단이 아니며, 때로는 세계와 현상을 이해하고 해석하는 틀이 되기도 한다. 타고난 기질과 관계없이 말하는 습관만 바꾸어도 긍정성과 낙관성은 얼마든지 충분히 길러진다.

06

4단계 언리시 사고법
– 언리시의 네 번째 비밀

외계 생명체의 우주선이 마침내 지구에 도달했다. 외계 생명체의 평균 키는 3미터인데, 지구인을 관찰해보니 평균 신장이 점차 커지는 추세로 2100년쯤에는 자신들과 같은 3미터에 도달할 것 같다. 그들은 그런 일이 일어나기 전에 일찌감치 지구를 침공하기로 한다. 하지만 걱정할 필요 없다. 애당초 이런 허술한 논리력을 지닌 외계 생명체가 지구까지 온다는 설정 자체가 어불성설이다.

유전학자 프랜시스 골턴Francis Galton은 부모 400명과 그들의 성인 자녀 900명 이상의 키를 조사하는 방식으로 부모의 키가 아무리 커도 이 특성이 자식에게 완전히 유전되지는 않는다는 사실을 밝혀냈다. 여기에서 나온 개념이 '평균 회귀mean reversion'다. 많은 자료를 통해 결과를 예측하면 그 값이 평균에 가까워지려는 경향을 보인다는 것이다. 평균 회귀까지 거론하지 않아도 인간의 키가 일정 정도 이상으로 자라지 않는다는 것은 너무나 당연한 일이 아니냐고 물을지도 모르겠다. 그러나 우리 주변에는 논리 오류에 빠져 지극히 상식적인 일도 제대로 보지 못하는 사례가 비일비재하다.

몇 년 전, 모 기업의 부회장님이 4차 산업혁명을 맞아 변화와 혁신을 추진한다면서 사내 복장 규정을 대폭 완화한 일이 있었다. 그러자 무슨 일이 벌어졌을까? 주변 대형 할인 매장의 화장실이 옷을 갈아입으려는 사람들로 북새통이 됐다. 부회장님이 복장 규정을 완화했으니 협력사 직원들도 양복을 입어서는 안 된다는 암묵적 분위기가 조성됐기 때문이다. 기존과 같은 강도로 복장을 규제하지 않는 근본 취지를 망각한 채 '편한 옷차림을 해라'라는 결론만 받아들인 결과다.

나는 업무에 아이폰과 맥북을 사용하는데 왜 자사 제품인 픽셀폰과 크롬북을 놔두고 애플 제품을 쓰느냐는 질문을 종종 받는다. 나도 국내 기업에 근무할 때는 자사 제품만 사용했다. 가끔 엘리베이터에서 타사 휴대전화를 들고 있는 직원을 보면 '무선사업부에서 테스트하나 보다' 하고 여기지, 그 직원이 실제로 타사 제품을 쓰리라고는 상상도 못 하는 문화였다. 생각하면 참 이상한 일이다. 노트북이든 휴대전화든 업무를 잘하기 위한 도구인 만큼 내 취향과 쓰임새에 맞게 써야 업무 효율도 높아지지 않을까. 우리가 만들어 우리가 쓴다고 대단한 매출 증대 효과가 있지는 않을 테고 애사심이 고취될 리도 없는데 어째서 자사 제품만 쓰게 하는 것일까. 물론 '개밥 먹기Eating your own dog food(자신이 만든 서비스, 제품, 소프트웨어 등을 실제 사용해보는 일)'가 더 좋은 제품을 만드는 데 도움이 된다는 건 인정한다. 그러나 경쟁력 있는 타사 제품을 경험해보는 것도 분명 필요한 일이다. 게다가 개발과 거리가 먼 업무를 하는 직원들까지 꼭 자사 제품을 써야 하는지는 의문이다.

더 의아한 일은 협력사 직원에게까지 그런 압력을 가한다는 것이다. 모 자동차 회사에 회의하러 들어갈 때는 근처 마트 주차장을 이용해야 한다. 그 회사의 주차장에는 그 회사의 자동차만 들어갈 수 있기 때문이다. 무엇이 핵심인 가를 논리적으로 파악하지 못하면 이런 비상식적 일이 벌 어진다.

살면서 무수히 맞닥뜨리는 크고 작은 문제들을 제대로 인지하지 못하면 일을 그르치거나 기회를 잡지 못하게 된 다. 언리시 역시 문제의 핵심을 파악하는 논리적 사고력에 기반해야 한다. 이를 위해 다음의 네 가지 논리 단계가 필 요하다.

언리시를 위한 4단계 사고법

1단계 분해 Dismantle

문제를 쪼개고 분해하여 핵심 원인을 파악하고
문제를 재정의하는 단계

2단계 구조화 Construct

1단계에서 찾은 핵심 원인을 근거로
모든 가능한 방법을 모색하는 단계

3단계 우선순위 Prioritize

2단계에서 세운 방법론 가운데
일정한 기준으로 우선순위를 정하는 단계

4단계 심화 Deepen

해결책을 상세화하고 계획을 짜는 단계

문제를 제대로 분해해 파악하고, 해결 방안을 꼼꼼하게 검토하면 어떤 기준으로 무엇에 집중할지 우선순위가 보이고, 이를 바탕으로 이상적인 결론에 도달할 수 있다. 나는 벤처 투자 심사를 위한 인터뷰에서 종종 '백신을 접종하는 가장 효과적인 순서는 무엇일까?', '매출 증대에 크게 이바지한 직원의 연봉은 얼마나 인상해줘야 할까?', '드라마 〈슬기로운 의사 생활〉의 주인공처럼 좋은 의사가 많아지게 하려면 어떻게 해야 할까?' 등의 질문을 던지곤 한다. 이렇게 정답이 딱히 없는 문제일수록 전문적인 배경지식에 기대지 않고 논리적인 사고력만으로 창의적인 답변을 도출하기 좋다.

우리가 살면서 마주치는 문제들에도 대개는 정답이 없다. 그럴수록 논리적으로 사고해 현명하게 해결할 줄 알아야 한다. 언리시를 위한 4단계 사고법을 충분히 훈련하면 업무나 일상에서 아무리 애매하고 어려운 문제를 맞닥뜨려도 이를 창의적으로 해결하고 새로운 기회로 탈바꿈시킬 수 있으리라 확신한다. 이제 분해부터 심화까지 각 단계를 더욱 면밀하게 살펴보고, 실제로 어떻게 적용할 수 있는지 구체적으로 보여주겠다.

1단계 분해

코어 이슈를 찾아라

• • •

내가 즐겨 보는 유튜브 채널 중 하나가 〈공부왕찐천재 홍진경〉이다. 이 채널에서 얼마 전 코딩에 관한 영상을 업로드했다.

참가자들은 컴퓨터 역할을 하는 남자에게 명령을 내려 빵에 잼을 발라 먹게 해야 한다. 먼저 참가자 한 명이 봉지를 두 손으로 열라고 명령한다. 그런 다음 빵을 오른손으로 꺼내라고 하니 남자가 오른손으로 빵 세 개를 꺼내 든다. 다른 참가자가 빵을 접시에 내려놓으라고 하자 남자는 방금 봉지에서 꺼낸 빵이 아니라 다른 봉지에 담긴 빵을 접시 위에 내려놓는다. 왼손으로 버터나이프를 집으라는 명령에는 손잡이가 아닌 칼날을 잡고, 잼을 바르라고 하니 빵의 안면이 아닌 겉면에 바른다.

이런 경우 남자가 참가자들의 명령을 따르지 않았다고 볼 수 있을까? 그렇지 않다. 남자는 명령을 제대로 이행했다. 문제는 참가자들의 명령이 세심하지도, 정확하지도 않았다는 데 있다.

이 영상은 코딩에서 정확한 명령어를 입력하는 일이 얼마나 중요한지를 재미있고 효과적으로 보여준다. 사람은 "봉지에서 빵을 꺼내서 잼을 발라 먹어"라는 말을 별 어려움 없이 알아듣지만, 컴퓨터는 사람과 언어 체계가 달라서 그럴 수 없다. 하나부터 열까지 세세하게 정확한 지시를 내려야 우리가 원하는 결과를 도출할 수 있다.

정확한 의사 전달은 코딩뿐만 아니라 무엇을 하든 중요하다. 'function'이라는 단어를 '기능'이라는 뜻으로 받아들이면 문과생, '함수'라는 뜻으로 받아들이면 이과생이라는 우스갯소리가 있다. 단어 하나도 사람에 따라 이토록 다르게 해석되는데, '척하면 착 알아듣겠지' 또는 '이 정도 얘기했으면 무슨 뜻인지 알겠지'라고 얼버무리면 의사소통이 제대로 될 리 없다.

언리시의 첫 번째 단계가 '분해'인 이유가 여기에 있다. 문제를 해결하려면 먼저 문제가 무엇인지 그 핵심을 정확하게 파악해야 하고, 그러기 위해서는 고장 난 시계의 부품을 분해하듯 문제 자체를 잘게 쪼개어 들여다봐야 한다. 이 단계를 소홀히 하면 정삼각형이 어디에 있느냐는 문제를 정삼각형은 무엇이냐는 문제로 제멋대로 바꿔 생각하게 되는 것이다.

"최고의 타코taco 집을 찾아주세요." 한 스타트업 투자 심사에서 내가 던진 질문이다. 합격점을 받은 지원자는 어떻게 답변했을까? 그는 이 질문을 '최고의/타코 집을/찾아주세요'로 쪼갠 뒤 더 세심하게 분해했다.

- '최고'가 무슨 뜻인가요? 맛, 방문 횟수, 방문자 평점, 긍정 댓글 개수, 미디어 언급 횟수 등에서 무엇을 기준으로 삼으면 될까요?

- '타코 집'은 어떻게 규정해야 할까요? 타코를 시그니처 메뉴로 하는 집? 타코만 전문으로 하는 집? 아니면 디저트로라도 타코를 만들면 모두 타코 집으로 봐도 될까요?
- '찾기'에 기준이 있나요? 전 세계 어디라도 좋은가요, 아니면 국내로 한정 지어야 하나요? 집과의 거리랄지 하는 식으로 고려할 사항이 있나요?

 이 지원자는 "최고의 타코 집을 찾아주세요"라는 막연하기 그지없는 질문을 정밀하게 분해하고 내게 역질문을 던진 끝에 마침내 "방문자 평점이 좋은, 역삼동 소재의 타코 전문점을 찾아주세요"라는 정교한 질문으로 재정의하는 데 성공했다. 이 모든 과정이 모범 답안이다. 맛있는 타코 집을 얼마나 알고 있느냐가 지원자의 역량과 무슨 관계가 있겠는가. 중요한 것은 주어진 문제를 분해함으로써 문제의 본질에 접근할 수 있느냐 없느냐다. "아, 제가 지난번에 가본 타코 집이 있는데요. 거기 진짜 최고였어요"라거나 "네이버에 검색하면 금방 나오는 것 아니에요?"라고 대답한 지원자는 안타깝지만 심사를 통과할 수 없었다.
 1단계 분해는 문제의 근본 원인Root cause을 찾아가는 과정이라고도 볼 수 있다. 누군가가 팔굽혀펴기를 하루 30개씩 하겠다는 새해 계획을 세웠다. 이 사람의 새해 계획이 적절한지 알아보려면 먼저 '왜 그런 계획을 세웠을까?'라는 질문을 던져야 한다. 한 번으로는 부족하다. 거듭 질문하고 또 질문해야 근본 원인에 도달할 수 있다. 왜 팔굽혀펴기를 하루 30개씩 해야겠다고 마음먹었나? 광배근을 키우려고. 광배근은 왜 키우고 싶은가? 그래야 어깨가 넓어지니까. 어깨가 왜 넓어져야 하나? 그래야 얼굴이 작아 보이니까. 질문을 연달아 던지다 보면 결국 이 사람이 팔굽혀펴기를 하려는 근본 원인은 얼굴이 작아 보이기 위해서라는 사실을 알게 된다.

　　그런데 얼굴이 작아 보이려면 팔굽혀펴기 30개보다 더 효과적인 방법이 얼마든지 있다. 어깨 근육의 형태를 잡아주는 사이드 래터럴 레이즈side lateral raise 운동을 하거나, 아니면 칼라가 넓은 재킷이나 렌즈가 큰 안경으로 착시 효과를 노려도 좋다. 문제를 정교하게 들여다보는 분해 과정 없이 무조건 팔굽혀펴기 30개를 결론으로 도출하면 잘못된 자세로 정작 광배근은 전혀 자극을 받지 못해도 새해 목표를 잘 실천하고 있다면서 자기만족에 빠질 위험이 있다.

문제를 해결하는 능력은 곧 문제를 인지하는 능력과 같다. 문제 분해 과정을 통해 코어 이슈를 발견하고 목적을 도출하면 아무리 어려운 문제라도 해결의 실마리가 보이기 시작한다.

2단계 구조화
중복과 누락 없이 모든 방법을 리스트업하라

• • •

분해를 통해 근본 원인을 파악하고 문제를 재정의했다면 이제 구조화 단계로 넘어갈 차례다. 구조화란 1단계에서 파악한 핵심에 근거해 다양한 해결 방법을 모색하는 것이다. 언리시는 모든 도구와 재료를 가능성으로 파악하는 사고법이므로 구조화를 할 때도 일단은 자신이 시도할 수 있는 모든 방법을 전부 목록화하는 것이 중요하다. 과거 경험이나 편견을 근거로 '안 될 방법'은 버리고 '될 방법'만 찾으려 하면 뻔한 해결책만 나올 뿐 새로운 가능성을 모색하기 어려워진다.

이런 이유로 구조화를 할 때 필히 유념해야 할 개념이

바로 MECEMutually Exclusive, Collectively Exhaustive다. 맥킨지 컨설팅McKinsey & Company의 바버라 민토Barbara Minto가 체계적인 문제 해결을 위해 개발한 것으로, '상호 배제와 전체 포괄'을 뜻한다. 서로 배타적이면서도 다 모이면 완벽하게 전체를 이룬다는 의미다. MECE에 따르면 구조화 단계에서 찾은 모든 방법론은 중복과 누락 없이 완벽하게 맞아떨어져야 한다.

가령 어떤 기업이 스포츠단을 인수할까 말까를 두고 고민하는 중이라고 하자. 첫 번째 분해 단계에서는 '그 기업이 스포츠단을 인수해야 할 이유가 무엇일까?'라고 '왜'라는 질문을 던져야 할 것이다. 그런 다음 구조화 단계에서 스포츠단을 인수했을 때의 이해득실을 중복과 누락 없이 면밀하게 분석해야 한다.

만일 한 직원이 스포츠단을 인수하면 야구팬들에게 기업을 홍보할 기회가 생기고, 연고지 경기장의 광고판을 마케팅에 활용할 수 있다는 분석을 내놓는다면 어떨까? 두 가지 모두 마케팅에 한정한 분석이고 다른 분야의 언급은 전혀 없다는 점에서 MECE를 만족시키지 못하므로 올바른 구조화로 볼 수 없다. 정답은 따로 없지만, 마케팅 효과와 브랜드 가치, 부동산을 포함한 시설물 및 야구단 자체의 미래 가치, 스포츠 분야라는 새로운 시장 개척 등 다양한 면모를 살펴야 구조화를 잘했다고 할 수 있다.

"요즘 유튜브에서 뭐가 인기예요?" 미팅 자리에서 파트너사 담당자가 종종 던지는 질문이다. 이 질문에 "아, 요즘 유튜버 ○○가 뜨더라고요"라고 답변한다면 구조화를 잘 못하는 사람이라는 증거다. 구조화에 능숙한 사람이라면 이렇게 대답할 것이다. "유튜브 채널에서는 ○○가 성장하고 있고요. 동영상 형식은 쇼츠shorts의 인기가 높습니다. 콘텐츠 트렌드는 이러저러한 추세를 보입니다." 파트너사 담당자가 궁금해한 '인기 있는 유튜브'를 MECE에 따라 채널, 동영상 형식, 콘텐츠 주제 트렌드 등으로 구조화한 답변이다.

우리가 당면한 문제들은 대부분 명징하지 않고 애매하다. 사람들이 고정관념이나 과거 경험에 의존해 문제를 해결하려 하는 것도 문제 자체를 이해할 수 없어 불안하기 때문이다. 이 낯선 문제를 인식의 안전지대comfort zone로 재빨리 끌어와 편안함과 안정감을 회복하려는 것이다. 그러나 이런 방식은 낡고 구태의연한 해결책만 반복해 양산할 뿐이다. 창의적인 해결 방안을 원한다면 문제에서 애매함을 걷어내고 명징하게 재정의하는 일부터 시작해야 한다. 1단계 분해와 2단계 구조화 과정을 거친다면 어떤 문제와 맞닥뜨려도 혼란스러워하지 않고 중복도 누락도 없이 완벽하게 맞아떨어지는 방법들을 찾아낼 수 있을 것이다.

3단계 우선순위
자원과 아이디어를 효율적으로 배분하라

• • •

언리시 사고법의 세 번째 단계에서 따져야 할 우선순위는 2단계에서 MECE에 따라 구조화한 여러 방법론을 일정한 기준에 따라 순서를 정해 검토하는 것을 말한다. 대체로 1단계와 2단계를 잘 완수하면 문제의 근본 원인과 MECE를 충족하는 해결책이 나온 상태일 테니 우선순위를 정하기가 그리 어렵지 않을 것이다.

우리가 문제 해결에 쓸 수 있는 시간과 자원에는 한계가 있다. 우선순위를 정하는 것은 이 한정적인 시간과 자원을 효율적으로 배분하기 위함이다. 다시 말하면 3단계에서 논리력이 부실해지면 시간과 자원을 한없이 낭비하게 된다는 뜻이다. 어떤 방법을 다른 방법보다 우선하기로 했다면 반드시 합당한 근거를 댈 수 있어야 한다. "그냥"이라거나 "일단 위에서부터 차례대로 시도해보자"라는 식은 곤란하다. 우선순위를 잘 정하려면 반드시 논리적인 기준이 필요하고, 이를 일관성 있게 적용할 줄 알아야 한다.

우선순위를 정하는 일은 업무뿐만 아니라 개인의 삶에서도 아주 중요하다. 급하지만 중요하지는 않은 일들과 중요하지만 급하지는 않은 일들의 충돌 속에서 지금 당장 무엇을 해야 할지 혼란스러워하는 사람이 많다. 내 삶의 우선순위를 정한다는 것은 그만큼 인생의 목표가 뚜렷하고 가치관이 잘 정립되어 있다는 뜻이다. 이걸 잘하는 사람만이 인생에서 더 많은 기회를 얻게 될 것이다.

4단계 심화
구체적 실행 계획은 반드시 사용자 친화적으로

• • •

마지막 심화 단계에서는 세 단계를 거치면서 우선순위

에 따라 나열된 방법들을 어떻게 실행할지 그 구체적 계획을 구상한다. 실행할 항목과 구체적인 스케줄이 이 단계에서 결정된다.

여기서 중요한 점은 사용자 친화적인 관점을 잃지 말아야 한다는 것이다. 1단계부터 3단계까지와는 달리 4단계에 이르면 클라이언트든 소비자든 사용자에게 최종적인 해결안을 보여줘야 하기 때문이다.

벤처 투자 심사를 하다 보면 엔지니어 출신 대표를 많이 만나게 된다. 이들은 마치 코딩을 하듯 면밀하고 논리적으로 문제를 재정의하고 기막힌 해결안을 도출해 가져온다. 그런데 의외로 4단계에서 삐끗하는 경우를 종종 본다. 기술과 기업의 가치를 사용자 친화적으로 전달하지 못한다는 뜻이다. 자신들의 비즈니스 모델과 기술을 누구라도 알아들을 수 있도록 쉽고 단순하게 설명할 수 있느냐 없느냐는 그 회사의 가치를 구현하는 방식을 예측하는 너무나 중요한 잣대다. 벤처 투자 심사에서 사용자 친화적인 태도를 보이지 못한다면 사용자 친화적인 경영도 기대하기 어렵다.

한 인터넷 쇼핑몰에서 소비자의 반복 구매를 유도하기

위해 언리시 사고법 1단계부터 3단계까지 거친 결과, 사은
품을 제공하자는 해결안을 도출했다고 하자. 이때 4단계에
서 얼마나 사용자 친화적인 결정을 하느냐에 따라 문제가
해결되기도 하고 오히려 꼬이기도 한다.

빅 사이즈 모자를 판매하는 쇼핑몰에서 사은품으로
빅 사이즈 마스크를 받은 사람은 자신에게 안성맞춤인 그
사은품 하나로 쇼핑몰에 대한 충성도가 훨씬 높아질 것
이다. 반면 트리플엑스라지 사이즈 옷을 주문한 여성에
게 사은품으로 다이어트 바를 준다면 불쾌감만 안기기 쉽
다. 모든 구매자에게 일괄적으로 다이어트 바를 주었다 해
도 사용자 개개인을 세심하게 배려하지 않는 이런 사은품
은 반복 구매를 유도하기는커녕 오히려 쇼핑몰에 대한 호
감도를 떨어뜨리기 십상이다. 실제로 미국 의류 쇼핑몰
FOREVER 21에서 이런 실수를 하여 고객의 컴플레인을
받고 소셜 플랫폼에서 화제가 됐다.

업무뿐만 아니라 개인의 문제를 해결하고자 언리시 사
고법을 시도한 사람이라면 마지막 4단계에서 나 자신이 사
용자가 될 것이다. 이때도 사용자 친화적인 관점을 잃지 말
아야 한다. 자신을 잘 파악하고 내게 친화적인 계획을 세워

야 자잘한 성공 경험을 바탕으로 더 큰 목표에도 도전할 수 있다.

실전 문제에 언리시 사고법을 적용하라

• • •

지금까지 소개한 4단계의 언리시 사고법을 구체적으로 어떻게 적용할 수 있을지 연습 문제를 함께 풀어보자. 이 문제들은 현실적인 오차를 고려하지 않는 일종의 사고 실험이어서 정답이 따로 없고, 구체적인 답안을 도출할 필요도 없다. 따라서 해당 분야의 전문가가 아니라 관련 정보가 전혀 없는 사람에게 오히려 적합한 문제라고도 할 수 있다. 실질적인 답안을 도출하기 위함이 아니라 분해부터 심화에 이르는 네 단계를 거치면서 논리적인 사고력을 키우는 데 목적이 있다고 보면 된다.

Question 01

지하 아케이드에 식당을 창업하기로 했다. 개업 전에 건물 1층 로비에서 1시간 동안 홍보 부스를 운영하려 한다. 최적의 홍보 시간을 결정하려면 어떤 정보를 어떻게 얻어야 할까?

1단계 분해

지하 식당 창업/홍보 부스 운영 장소는 1층 로비/홍보 부스 운영 시간은 1시간으로 제한/홍보 시간을 결정하려면 어떤 정보가 필요할까?/ 그 정보는 어떻게 얻을 수 있을까?

① 홍보는 왜 할까? 식당이 개업한 사실을 많은 사람에게 알리기 위해 한다.

② 홍보 장소는 어디인가? 건물 1층 로비다. 따라서 식당의 타깃 고객이 1층 로비에 가장 많이 드나드는 시간대에 홍보 부스를 운영해야 한다.

③ 식당의 타깃 고객을 특정해야 할까? 문제에서 식당을 특정하지 않았으니 그럴 필요는 없어 보인다.

④ 그렇다면 관건은 1층 유동 인구가 가장 많은 시간대를 어떻게 알아내느냐다.

2단계 구조화

1층 유동 인구를 파악하는 다양한 방법을 찾아본다.

① 출입 카드 기록을 카운팅

② 엘리베이터 운행 빈도를 카운팅

③ 모바일 시그널 위치 정보를 파악

④ CCTV 분석

⑤ 도어 매트에 발자국이 프린트되는 먹지 깔기

⑥ 아르바이트생을 써서 1층 로비의 유동 인구를 카운팅

3단계 우선순위

2단계에서 도출한 방법들 중 ①~④는 개인 정보 이슈로 그 같은 정보 자체를 얻기가 어렵다. ⑤를 실행하려면 먹지를 교체하고 발자국을 카운팅할 인력이 필요하다. ⑥을 실행하는 경우, 유동 인구가 많아지면 아르바이트생이 추가로 필요하고 정확도가 떨어질 우려가 있다.

4단계 심화

실행 가능성, 정확도, 비용 등을 고려할 때 ⑤의 방법이 가장 적합해 보인다.

이때 "당연히 점심시간에 유동 인구가 많으니까 그때

홍보 부스를 운영하면 되지 않을까요?" 하는 답변은 좋은 점수를 받지 못한다. 점심시간에 유동 인구가 가장 많다는 것은 추정일 뿐 정확한 데이터에 근거한 추론이 아니기 때문이다(억울하면 이 추론을 증명할 방법을 제시하면 된다). 한번은 스타트업 투자 심사 중에 "홍보 부스를 운영할 1시간을 연달아 쓰지 않고 10분씩 나누어 여섯 번 써도 될까요?"라고 질문하는 지원자를 만난 일이 있다. 운영 시간마저 분해할 아이디어는 나도 떠올리지 못했던 터라 그 창의력에 혀를 내둘렀던 기억이 있다.

Question 02

장사가 잘되어 언제나 대기 줄이 길게 이어지는 크로플 가게가 있다. 이 가게에서 1인당 판매 개수를 제한해야 할까?

1단계 분해

장사가 잘되어 언제나 대기 줄이 길게 이어지는 크로플 가게/1인당 판매 개수를/제한할까 말까?

① 1인당 판매 개수를 제한해야 한다면 그 이유는 무엇일까? 웨이

팅 고객이 많은 곳이라니 하루 판매량을 더 늘리기 위해서는 아
닐 것이다.

② 그렇다면 1인당 판매 개수를 제한할 때 생길 일을 예측하는 것이
가장 중요한 요소가 된다.

2단계 구조화

1인당 판매 개수를 제한할 때 이로운 점과 불리한 점을 각각 살펴본다.

① 마케팅 : 1명이 100개 살 때보다 10명이 10개씩 살 때 마케팅 효
과가 더 커진다.

② 프로세스 : 생산부터 포장에 이르는 프로세스를 살펴보면 10명
에게 10개씩 팔 때보다 1명에게 100개를 파는 편이 더 수월하고
간단하다.

③ 고객 만족도 : 1인당 판매 개수를 제한하지 않으면 완판으로 발길
을 돌려야 하는 고객이 생긴다. 1인당 판매 개수를 제한하면 이런
고객의 수가 줄어서 전반적인 고객 만족도가 높아질 것이다.

3단계 우선순위

**1인당 판매 개수를 제한하면 마케팅 효과가 커지고 고객 만족도가 높
아지리라 기대할 수 있다. 다만 포장과 고객 대응 횟수의 증가로 판매**

프로세스 면에서는 더 까다로워질 우려가 있다. 그러나 운영상의 편의가 이 크로플 가게의 핵심 목표는 아닐 것이다.

4단계 심화

1인당 판매 개수 제한이 하루 매출에 큰 영향을 주지는 못해도 장기적으로 이 가게의 인지도 향상 및 매출 증대에 도움이 될 것으로 예상된다. 따라서 1인당 판매 개수를 제한하는 편이 좋다는 결론을 내릴 수 있다.

Question 03

카드사 입장에서 휴면 카드가 증가하는 현상을 해소할 방법은 무엇일까?

1단계 분해

카드사 입장에서/휴면 카드가 증가하는 현상을/해소할 방법은 무엇일까?

① 휴면 카드란 무엇일까? 일정 기간 사용 실적이 없는 카드를 가리킨다. 즉 가입자와 실사용자 사이에 이격이 있다는 뜻이다.

② 그렇다면 휴면 카드가 증가한다는 것은 무슨 의미일까? 첫째, 가입자는 늘었지만 실사용자가 늘지 않았다. 둘째, 가입자는 그대로인데 카드 사용 실적이 줄었다.

③ 이 두 가지 의미를 면밀하게 살펴봐야 휴면 카드 증가 현상을 해소할 방안도 구해질 것이다.

2단계 구조화

휴면 카드가 증가한 원인에 따라 해결책을 찾아본다.

① 가입자는 늘었지만 실사용자가 늘지 않은 경우

• 카드가 필요하지 않은 고객에게 압력을 가해 무리하게 가입시키지는 않았나? 이럴 경우에는 은행 영업의 KPI(핵심성과지표)가 올바른지 다시 점검할 것.

• 경쟁 업체에서 강력한 프로모션을 진행 중인가? 이럴 경우에는 자사 프로모션과 비교해 분석할 것.

② 가입자는 그대로인데 카드 사용 실적이 줄어든 경우

• 사용자 편의성이 부족한가? 이럴 경우에는 가맹점 규모, 혜택, 마일리지 등을 점검할 것. 카드 앱의 기능과 편의성을 점검할 것, 카드 디자인이 고객 감성과 일치하는지 확인할 것.

구조화 단계에서 제시한 세 가지 원인을 검토해본다. 가령 은행이 무리하게 가입자를 늘리지도 않았고, 경쟁 업체에서 프로모션을 진행하고 있지도 않다면 우선순위는 사용자 편의성을 강화하는 일이 될 것이다.

사용자 편의성을 강화하는 여러 방안 중에서 하나를 중점적으로 개선할지, 그 전부를 다시 점검할지 투자 대비 효과를 꼼꼼히 살펴서 결정한다.

아무리 어려운 문제도 처음 한 걸음부터

· · ·

지금까지 소개한 언리시 사고법을 잘 적용하려면 어떤 자질이 필요할까? 나는 언런과 리런, 모든 특성을 잠재력으로 파악하는 능력, 긍정과 낙관이 필요하다고 본다. 배운 것을 의도적으로 잊고 다시 배우려는 겸허한 태도, 단 하나의 특성도 얕보지 않고 잠재력으로 파악하는 긍정적 마음, 내 능력은 고정되어 있지 않고 얼마든지 더 성장할 수 있다고 믿는 성장 마인드셋이 이런 논리적 사고를 가능하게 하는 열쇠다.

모든 분야에서 비대면이 '뉴 노멀New Normal'로 자리 잡았다지만, 아직도 많은 강연자가 온라인 강연을 어려워한다. 댓글로 청중의 반응을 확인할 수는 있지만, 대면 강연보다 청중의 감정 단서가 적어서 나 혼자 떠들고 있는 건 아닌가 하는 조바심이 들 때가 있다. 어떻게 하면 청중이 내 강연에 더 집중하게 할 수 있을까, 어떻게 하면 댓글로나마 자기 생각을 활발하게 표현하도록 할 수 있을까. 이 문제를 고민하다가, 일단 청중에게 질문을 많이 던지고 댓글로 정답을 맞힌 사람에게는 기프티콘을 선물하는 방법을 써보기로 했다. 성공 여부를 가늠하기는 아직 이르지만, 전보다 댓글 반응이 더 많아진 것만은 사실이다.

얼마 전에는 전국경제인연합회 조찬 강연에서 새로운 시도를 해봤다. 100분 가까이 되는 청중에게 내 전화번호를 미리 공개하고, 궁금한 점이 있으면 강연 중간에 수시로 문자를 보내달라고 얘기했다. 그랬더니 예상보다 훨씬 많은 질문과 피드백이 쏟아졌다. 아무래도 문자로 질문하는 방법이 심리적 부담이 덜했던 모양이다. 덕분에 이전의 전경 련 강연과는 달리 새롭고 신선한 질문과 피드백을 꽤 많이 받을 수 있었다.

그런데 강연자로서 나와 같은 고민을 하는 사람은 많이 봤어도 나처럼 문제 해결을 위해 이런저런 방안을 강구하는 사람은 거의 보지 못했다. 내가 이럴 수 있는 것은 나는 더 잘할 수 있으며, 문제가 있으면 반드시 해결책도 있다는 긍정성을 지니고 있기 때문이다.

"아유, 몰라, 그냥 하던 대로 하면 되지" 하며 손사래를 치는 사람이 언리시 사고법을 실천할 일은 없을 것이다. 이런 사람은 지금처럼만 하려다가 지금만큼도 못하게 된다.

논리적 사고력을 키우는 일을 지레 부담스러워하고 두려워할 필요는 없다. 일단 작은 습관 하나만 고쳐보면 좋겠다. "아유, 몰라, 그냥 하던 대로 할 거야" 같은 말이 불쑥 올라와도 절대로 입 밖으로 내뱉지 말자. 늘 가던 길에서 방향을 조금만 틀어보면 눈앞에 새로운 풍경이 펼쳐진다. 이것이 시작이다. 늘 처음 한 걸음이 중요하다.

CHAPTER 03

언리시는
우리를 어떻게
변화시키는가

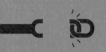

어떤 변화든
내 편으로 만든다

실리콘밸리에 빗대어 '사바나 밸리'로 불리는 나라가 있다. 1인당 국민소득은 2,000달러에 불과하지만, 휴대전화 기반 핀테크FinTech 분야의 선진국으로 꼽히는 곳, 바로 케냐다.

케냐 인구 90퍼센트 이상이 현지 이동통신사인 사파리콤Safaricom이 제공하는 엠페사M-Pesa라는 모바일 결제·송금 서비스를 이용한다. 대리점(대개는 마을 곳곳의 구멍가게가 대리점으로 활용된다)에서 휴대전화 번호를 등록하면 핀FIN 번호 형식의 가상 계좌가 만들어지는데, 이를 통해 입출금 및 송금, 소액 대출 서비스까지 이용할 수 있어서 은행 계좌를 따로 만들 필요가 없다. 물건 값을 결제할 때는 계산대에 적힌 여섯 자리 숫자로 문자만 보내면 된다.

케냐에서 이런 핀테크 혁신이 일어날 수 있었던 첫 번째 이유는 당연하게도 휴대전화 보급률이 높았기 때문이다. 2006년에 값싼 중국산 휴대전화가 보급되면서 케냐 성인 인구의 절반 이상이 휴대전화를 소유하게 됐다. 아무리 휴대전화기 가격이 낮았다지만, 당시 전 세계의 휴대전화 보급률이 30퍼센트 수준이었고 케냐의 1인당 국민소득이 800달러 정도였다는 점을 고려하면 잘 이해되지 않는 현상이다.

케냐에서 이렇게까지 휴대전화 수용률이 높았던 것은 유선전화 보급률이 1퍼센트 미만이었기 때문이다. 유선전화망은 교환기 설치와 전화선 연결에 엄청난 재원이 필요하지만, 휴대전화는 설비 비용이 상대적으로 저렴하다. 케냐를 포함한 아프리카의 여러 국가가 유선통신을 건너뛰고 곧장 무선통신으로 도약할 수 있었던 이유다. 전화선도 인터넷망도 깔리지 않은 환경에서 휴대전화는 없어서는 안 될 필수품으로 빠르게 자리 잡았다.

케냐의 핀테크 혁신이 가능했던 두 번째 이유는 은행을 이용하기가 매우 불편했다는 데 있다. 케냐의 국토 면적은 우리나라의 2.7배인데, 엠페사가 모바일 뱅킹 서비스를 시작한 2007년 당시에 케냐 전역의 은행 지점은 수백 개에 불과했다. 은행까지 가는 교통비가 한 달 월급과 맞먹을 정도였다니 돈이 있어도 그냥 이불 밑에 숨겨두는 게 상책이었을 것이다.

한마디로 케냐가 핀테크 강국이 될 수 있었던 이유는 유선통신망과 은행 서비스가 부실했기 때문이다. 이렇게 기반 시설이 부족하면 새로운 기술을 받아들이는 수용력이 매우 높아질 수밖에 없다. 선진국이 신기술을 도입할 때 거쳐야 했던 회의와 시행착오를 겪지 않고 오히려 개구리가 점프하듯 비약적인 기술 도약leapfrogging을 할 수 있는 것이다.

사람은 걸음마를 배워야만 뛸 수 있지만, 사회나 기술은 그런 식으로 발전하지 않는다. 걷는 법을 배우지 않아도, 심지어 기는 법을 몰라도 뛸 수 있다. 우리가 상황 탓만 해서는 안 되는 이유가 여기에 있다. 상황이 아무리 열악해도, 아니 오히려 그 열악한 환경 덕분에 개구리처럼 힘차게 도약하는 사회, 집단, 사람이 분명 있다.

상황을 탓하기보다 모든 상황이 내 편이 되도록 끌어당기는 능력, 이것이 바로 언리시다. 케냐의 엠페사가 이루어낸 혁신은 이미 있던 기술을 새로운 시선으로 들여다본 결과다. 더 많은 기회, 전에 없던 가능성은 특별하고 완벽한 상황이 아니라 우리의 주변 환경 어디에나 늘 있다. 편견과 선입견에 갇혀 그것을 보지 못하느냐, 언리시로 그것을 찾아내느냐의 차이만 있을 뿐이다.

환경을 '업그레이드'하면 올드 타입, '재정의'하면 뉴 타입

· · ·

국토교통부에 따르면 2025년부터 서울과 인천·김포 공항을 잇는 '비행 택시'를 도입한다고 한다. 기존 도로로 1시간 거리가 비행 택시를 이용하면 20분 이내로 단축된다. 만일 비행 택시가 상용화되어 언제 어디서나 스마트폰 앱으로 비행 택시를 호출해 이용하는 세상이 된다면 어떻게 될까? 이런 상황은 택시 업계에 호재일까, 악재일까?

언뜻 생각하면 비행 택시와 기존 택시는 갈등 관계일 수밖에 없을 것 같다. 그러나 이런 선입견을 버리고, 그 상황을 재정의해보면 전혀 다른 결론에 도달하게 된다. 비행 택시는 주로 장거리 운행을 할 테니 단거리 운행을 하는 택시가 타격을 받을 일은 없다. 게다가 비행 택시가 상용화되면 서울과 지방 간의 이동이 활발해지고 방문객 수가 증가하면서 시내 택시의 수요도 커질 것이다. 또 비행 택시 승차장까지의 이동을 위해 일반 택시를 이용하려는 고객도 늘어날 것이다. 이렇게 기존 택시가 고객을 '단거리 이동 고객'으로 언리시하면 비행 택시의 도입으로 오히려 고객이 늘어난다는 사실을 알 수 있다.

앞서 소개한 케냐의 엠페사도 핵심 고객을 재정의한 사례로 볼 수 있다. 세계은행은 "일반 은행은 계좌 규모와 대출 이용 여부에 따라 수익성 있는 고객과 수익성 없는 고객을 차별하지만, 엠페사는 모든 휴대전화 이용자를 잠재고객으로 여긴다"라고 평가했다. 사파리콤의 대표인 밥 콜리모어Bob Collymore도 "우리 목표는 1실링짜리 소액 고객이다. 전 세계 금융회사는 밑바닥 고객을 무시하지만 우리는 바로 그런 고객에게 서비스를 제공한다"라고 말했다. 만일 엠페사가 기존 은행처럼 수익성 있는 고객만을 목표로 삼았다면, 또는 인터넷 송금 서비스는 기존 은행과 제휴해야 한다는 구태의연한 발상에서 벗어나지 못했다면 오늘날과 같은 혁신이 가능했을까. 엠페사의 성공은 이런 선입견에서 벗어나 자기 고객을 휴대전화를 소유한 케냐 전 국민으로 새로이 언리시한 결과다.

코로나19 초기, 여행 시장이 꽁꽁 얼어붙은 와중에 반짝 인기를 끈 여행 상품이 하나 있었다. 바로 '도착지 없는 비행'이다. 아시아나항공은 일명 '하늘 위의 호텔'이라 불리는 에어버스 A380을 투입해 인천공항에서 강릉, 포항, 김해, 제주 상공을 비행한 뒤 다시 인천공항으로 돌아오는 상품을 기획했다. 2시간 20분에 이르는 비행시간 동안 기내식과 각종 엔터테인먼트 시스템, 어메니티 키트, 기내 면세품 할인 쿠폰 등을 제공하고 마일리지도 적립해주는 상품이다. 비즈니스석이 25만 5,000원, 이코노미석은 20만 5,000원으로 항공료가 저렴하지는 않았지만, 여행에 갈증을 느끼던 고객 심리를 저격해 완판 행진을 이어갔다.

이 뉴스를 접하고 잠시 나 자신을 되돌아봤다. 내게 비행이란 해외 출장, 장거리 이동, 피로와 지루함 등을 떠올리게 하는 단어다. 만일 상품 기획자가 나와 같은 고정관념에 사로잡힌 나머지 비행이 그 자체로 설레는 경험이자 강렬한 욕망이라는 사실을 망각했다면 이런 히트 상품은 나오지 못했을 것이다.

코로나19가 2년째 장기화하자 항공사들은 또 다른 활로를 개척하기 시작했다. 여객기 좌석을 뜯어내고, 대신 화물을 싣기로 한 것이다. 국제선 여객 수요가 사라진 상황을 화물 수송으로 돌파해 수익성을 확보하겠다는 전략이었다. 그 결과 대한항공은 2020년 2분기부터 분기별 연속 영업 흑자를 기록했다. 대한항공이 여객기를 적극적으로 화물기로 개조함에 따라 대한항공의 경쟁사는 당분간 페덱스FedEx가 될 것이라는 전망도 나왔다. 이 역시 언리시를 통해 코로나19라는 위기 상황을 기회로 역전한 대표적 사례다. 여객기는 이동 수단이라는 선입견을 거부하고 화물 수송기로 재정의하여 새로운 기회를 창출한 것이다.

세계적인 팬데믹 상황에서 새로운 마케팅을 선보여 브랜드 가치를 상승시킨 사례도 있다. 맥주 브랜드인 하이네켄Heineken은 최근 아르헨티나에서 코로나 봉쇄 지침으로 영업을 금지당한 자영업자들을 돕기 위해 일명 '셔터 광고'를 진행했다. 문 닫은 술집의 셔터나 벽면 등을 옥외광고판으로 활용하고, 해당 술집에는 광고 공간 대여비를 지불하는 대대적 프로모션이었다. 옥외광고에는 하이네켄 홍보뿐만 아니라 술집의 영업 재개를 응원하는 내용이 담겼다.

하이네켄은 마트보다 바나 술집을 통한 매출이 월등히 많다. 따라서 코로나가 장기화하면 자영업자들이 운영하는 술집만 무너지는 게 아니라 하이네켄도 위태로울 수 있다는 위기의식이 있었을 것이다. 자사 옥외광고 집행 예산의 일부를, 상생을 위해 할당한 하이네켄의 캠페인은 이런 위기를 상생이라는 브랜드 가치로 새롭게 언리시한 결과라 할 만하다.

핸디캡은 극복할 대상이 아니라 강점이다

• • •

2012년, 한국계 미국인 김용이 쟁쟁한 후보들을 제치고 세계은행 총재로 지명되어 큰 화제를 모았다(그는 2016년 연임에 성공했으나 두 번째 임기를 3년 남긴 2019년에 돌연 사퇴하고 신흥경제국 투자를 위한 펀드를 운용하는 글로벌 인프라스트럭처 파트너스GIP, Global Infrastructure Partners로 자리를 옮겼다). 얼마 후 그는 한 인터뷰에서 "나 같은 사람에게 일어날 수 없는 일이다" 라며 겸손해했다.

'나 같은 사람'이란 여러 의미로 해석될 것이다. 세계 은행 총재는 원칙적으로는 189개 회원국을 대표하는 이사 회에서 인선하지만, 사실상 최대 지분을 소유한 미국 대통 령이 지명해왔다. 설립 이래 세계은행 총재는 모두가 미국 인이었고, 대부분이 거시경제학자나 금융 전문가였다. 그 런데 김용은 의학과 인류학으로 박사 학위를 받은 의료인 출신이다. 극빈국의 질병 퇴치 등 의료 활동이 경력의 대부 분인 그가 3대 국제경제기구로 꼽히는 세계은행 총재 자리 에 적합한 인물이냐를 두고 많은 설왕설래가 있었고, 그도 이런 부분을 잘 알고 있었을 것이다.

선임을 앞둔 면접 자리에서 버락 오바마Barack Obama 전 대통령이 "경제 전문가가 아닌 당신을 왜 세계은행 총재로 추천해야 할까?"라고 물은 것도 어찌 보면 당연한 일이었 다. 김용의 대답은 이랬다.

"당신의 어머니도 인류학자였던 걸로 알고 있다. 당신 의 어머니는 전문가에게 현장 경험이 얼마나 중요한지 논문을 통해 강조한 바 있다. 나도 인류학자이자 의사로서 빈민국의 한복판에서 결핵과 에이즈 퇴치에 힘써왔다. 나의 이런 현장 경험과 이력이 개발도상국과 최빈국의 빈곤을 퇴치하고 경제를 개발한다는 세계은행의 비전에 부합한다고 생각한다."

헤드헌터 기업에서 일하는 지인이 들려준 후일담인데, 선임 이후 한 만찬 자리에서 김용과 마주친 오바마는 "면접 당시에 매우 놀랐다. 지금까지 만난 수많은 지원자의 답변 가운데 가장 절묘한 수cunning plan였다"라면서 혀를 내둘렀다고 한다.

내 환경이 핸디캡일지 아닐지는 전적으로 관점에 달렸다. 김용 전 총재의 사례만 해도 '은행'이라는 글자에 주목하면 의료인 출신이라는 것이 핸디캡이겠지만, 그 기구의 소임이 최빈국의 빈곤 퇴치와 경제 개발에 있다는 점을 주목하면 오히려 강점이 될 수 있다.

구글의 테크니컬 프로그램 매니저인 빅터 차란Victor Tsaran은 안드로이드폰에 기본으로 탑재된 토크백TalkBack이라는 스크린 리더screen reader를 개발하는 일을 한다. 시각장애인이자 개발자인 그가 보기에 웹 접근성이 떨어지는 그

룸은 장애인만이 아니다. 아무것도 보지 못하는 시각장애인뿐만 아니라 나이가 들어 시력이 떨어진 사람이나 일시적인 부상으로 앞을 보지 못하는 사람, 하다못해 창가에 쏟아지는 햇빛 때문에 노트북 화면이 잘 안 보이는 사람까지 고려하고 배려하는 기술을 개발해야 한다. 마찬가지로 청각장애인을 위한 웹 접근성 개선 기술이라도 이를 반드시 청각장애인만 사용한다는 보장은 없다. 따라서 그는 비장애인 개발자라도 웹 접근성을 개선하는 기술의 필요성에 쉽게 공감할 수 있을 것이라고 말한다.

결국 차란이 개발하고자 하는 것은 자신 같은 장애인뿐만 아니라 일시적이거나 영구적인 어떤 이유로 웹에 접근하기 어려운 모든 사람을 위한 기술이다. 나는 그가 장애를 '극복'했기 때문에 이런 통찰을 얻었다고 생각하지 않는다. 장애를 그저 자기 특성으로 받아들이고, 더 나아가 개발자로서의 강점으로 인식했기에 모두를 위한 기술을 개발한다는 코어 이슈에 다다를 수 있었을 것이다.

프랑스의 완더크래프트Wandercraft 로봇 연구소의 공동 설립자이자 소장인 장 루이 콘스탄자Jean-Louis Constanza에게는 장애인 아들이 있다. 다리가 불편한 아들은 태어나서 한

번도 자기 힘으로 걸어보지 못하고 휠체어에 의지해왔다. 그러다 2021년 여름, 열여섯 살이 된 아들은 휠체어에서 일어나 인생의 첫 번째 걸음을 내디딜 수 있었다. 아버지가 만든 웨어러블 로봇 wearable robot을 착용한 덕분이었다. 산업용 로봇에서 의학 보조용 로봇으로 전문 분야를 바꾼 콘스탄자 소장은 그 이유를 이렇게 설명한다. "다리 불편한 아들의 존재가 예전에는 그리 긍정적인 상황으로 보이지 않았다. 그러나 아들에 대한 사랑으로 내 상황과 내가 지닌 도구를 다시 바라보기 시작했다." 아들의 장애가 그에게는 '핸디캡'이 아니라 '언리시의 기회'가 된 것이다.

나의 여건과 환경을 정의할 권리를 남들에게 넘기지 말고 내가 전적으로 가져와야 한다. 언리시의 관점으로 보면 사람들이 흔히 말하는 '핸디캡'은 무의미한 개념이다. 내가 지닌 것에서 약점과 단점은 없다. 단지 가능성만 있을 뿐이다. 출신이나 경력이 어떻든, 장애가 있든 없든 그저 특성에 불과할 뿐 핸디캡은 아니다. 극복할 대상은 더더욱 아니다.

5C의 시대, 무한한 기회가 열린다

• • •

업業의 개념과 경제의 흐름이 빠르게 바뀌고 있다. 세계 4대 사모펀드 운용사 중 하나로 수십조 원의 자금을 굴리는 칼라일 그룹에서 세상을 움직일 미래 트렌드로 '클라우드Cloud, 이커머스 e-Commerce, 캐시리스Cashless, 협업 Collaboration, 사이버Cyber' 이 5가지를 꼽았다. 이름하여 5C다. 거대한 변화의 물결 속에서 나는 어떤 가능성을 발견할 수 있을지 함께 가늠해보자.

클라우드Cloud │ 아마존을 인터넷 상거래 기업으로 알고 있는 사람이 많겠지만, 사실 아마존 영업이익의 절반 이상은 퍼블릭 클라우드 서비스인 AWS Amazon Web Services에서 나온다. 아마존은 11월 넷째 금요일인 블랙 프라이데이Black Friday부터 12월 첫 번째 월요일인 사이버 먼데이Cyber Monday까지 나흘간, 홈페이지 트래픽이 급상승할 것을 대비해 서버 규모를 꾸준히 키워왔다. 문제는 이 거대한 규모의 서버를 평상시에는 그냥 놀릴 수밖에 없다는 데 있었다. 이렇게 남아도는 서버를 활용할 방법을 찾다가 시작한 사업이

AWS다. '잉여 자원'을 새로운 시각으로 재정의하고 그 가능성을 확장했다는 점에서 AWS야말로 언리시의 대표 사례라 할 만하다.

기업이 필요한 만큼 서버를 빌려 쓸 수 있다는 개념은 획기적이었다. 기업들은 서버를 보관할 부동산의 임대료, 서버의 구매·유지·보수 비용 및 전기세의 부담에서 벗어나 빌려 쓴 만큼의 요금만 내면서 더 효율적이고 안전하게 데이터를 관리할 수 있게 됐다. IT 기업의 서버 구축 및 유지 비용이 획기적으로 줄면서 스타트업 창업의 문턱도 크게 낮아졌다.

기업 환경이 원격 및 재택 근무로 빠르게 변화하고, 세계적인 기업들이 메타버스 시장에 뛰어드는 상황에서 글로벌 퍼블릭 클라우드 시장은 더욱 커질 수밖에 없다. 리서치 기관인 가트너 Gartner 는 2022년 퍼블릭 클라우드의 시장 규모가 2021년보다 21.7퍼센트 증가한 4,800만 달러 수준이 되리라고 내다봤다. 2020년 기준으로 AWS는 클라우드 서비스 분야에서 32퍼센트를 점유해 부동의 1위를 지키고 있다. AWS를 따라잡기 위한 알파벳 Alphabet, 마이크로소프트 Microsoft 등 후발 주자들의 경쟁은 더 치열해질 전망이다.

이커머스 e-Commerce | 코로나19 확산으로 비대면 쇼핑이 많아지고 중국 '왕홍网红'과 같은 인플루언서의 마케팅 영향력이 점점 커지면서 1인 미디어의 이커머스 전환이 가속화하고 있다. 왕홍 일인자로 불리는 웨이야薇娅가 2020년 한 해에만 라이브 커머스로 벌어들인 돈이 무려 22억 위안(3조 9,000억 원)에 이른다니 그 위력을 짐작하기 어렵지 않다. 이에 따라 백화점 및 대기업 등도 인플루언서 시장에 속속 진입하는 추세다.

마이크로 미디어, 1인 미디어가 이커머스 시장에서 강세를 떨치는 현상은 쇼핑이 제품, 서비스, 솔루션이 아닌 '라이프스타일'을 구매하는 행위임을 명확히 보여준다. '무엇을 사느냐'보다 '왜 사느냐'를 더 중요시하는 세대가 디지털 기술을 만나 탄생시킨 인플루언서 마켓은 코로나19 종식 후에도 성장을 멈추지 않을 것이다.

캐시리스 Cashless | IT 기술 발전에 힘입어 지급 수단이 다양해지면서 현금의 위상이 점차 낮아지고 있다. 지급 수단으로 실물 화폐가 필요하지 않은 캐시리스 사회가 올 날도 머지않았다.

글로벌 컨설팅 회사인 캡제미니Capgemini는 비현금 거래 금액이 2023년까지 연평균 12퍼센트의 성장세를 보일 것이라 내다봤다. 2023년까지 캐시리스 사회를 만들겠다는 목표로 발 빠르게 움직이고 있는 스웨덴은 소매점의 현금 결제 거부권을 보장하고, 이미 은행 점포 절반에서 현금 서비스를 취급하지 않는다. 중국은 현금 사회에서 신용 사회를 거치지 않고 곧장 캐시리스 사회로 진입한 특이한 사례인데, 현재 알리페이와 위챗페이를 활용한 모바일 결제율이 전체 결제 시장의 대부분을 차지하고 있다. 전형적인 현금 사회였던 일본도 2025년까지 캐시리스 결제율 40퍼센트, 향후 80퍼센트를 목표로 잡고 각종 정책을 통해 캐시리스 결제를 유도하는 중이다. 우리나라도 현금 없는 매장, 거스름돈 계좌 입금 서비스, 실물 카드 없는 모바일 카드 발급 등이 이미 익숙한 풍경이 됐다.

앞으로는 신용카드나 직불카드 등 물리적 미디어의 발급도 점차 감소하는 추세가 될 것이다. 특히 메타버스에서 다양한 경제활동이 활발하게 이루어지면 디지털 결제 수단의 기술 발전이 더욱 급물살을 탈 것으로 보인다.

캐시리스 사회가 오면 거래 투명성이 보장되고, 지급

결제 서비스 시장의 편의성과 효율성이 높아지리라 기대할 수 있다. 그러나 사생활 침해와 정보 악용 등을 우려하는 목소리도 분명 있다. 또 상대적으로 디지털 정보에 접근하기 어려운 고령층이나 장애인, 불가피한 이유로 카드를 발급받을 수 없는 저소득층과 외국인 노동자 등의 금융 소외도 해결할 과제로 꼽힌다.

협업 Collaboration | 한 치 앞도 내다보기 어려운 뷰카 VUCA의 시대에 창의적인 결과물을 내려면 무엇이 필요할까? 스티브 잡스 Steve Jobs의 말대로 창의성이 "서로 동떨어진 무언가를 연결하는 것 Creativity is just connecting things", 즉 이미 존재하지만 서로 관련 없는 무언가를 새로운 방식으로 연결하는 능력이라면 그 기본은 단연 협업이다. 협업을 통해 각자의 다양한 역량을 연결할 때 비로소 창의적이고 새로운 가치를 만들어낼 수 있다.

구글이 원하는 인재상도 협업에 능한 사람이다. 구글이 정의하는 '협업에 능한 사람'이란 외향적이거나 친화적인 태도를 지닌 사람이 아니라 누군가의 의견이 나와 다른데서 생기는 불편함을 감내할 줄 아는 사람이다. 내가 함께 일할 팀원을 선발할 때 되새기는 원칙도 '내게 불편한 사람을 뽑자'다. 나와 다른 사람을 향한 본능적 거부감을 떨쳐내고서 나와 다르게 생각하는 사람을 뽑아야 팀의 변화와 혁신이 가능해진다.

그런 의미에서 구글이 말하는 협업은 다양성의 인정과 크게 다르지 않다. 다양한 의견과 생각을 거부감 없이 수용하고 공동의 이익을 향해 함께 노력을 기울이는 능력이야말로 미래에 꼭 필요한 역량이라 할 것이다.

사이버Cyber │ 사이버 트렌드와 관련하여 '메타버스Metaverse'만큼 중요한 키워드는 없을 것이다. 메타버스란 그리스어로 '초월'을 뜻하는 '메타Meta'와 '현실 세계'를 의미하는 '유니버스Universe'의 합성어로, 현실과 강력하게 연결된 디지털 구현 가상세계를 가리킨다. 1992년에 출간된 미국 소설가 닐 스티븐슨Neal Stephenson의 소설 『스노 크래시Snow Crash』에서 아바타가 활동하는 인터넷 기반 가상세계를 표현하는 단어로 처음 등장했다.

그로부터 30년이 지난 지금, 메타버스는 5G의 상용화, 가상융합기술XR의 발전, 코로나19로 인한 비대면의 일상화

등에 힘입어 우리 현실 속으로 깊숙이 들어왔다. 마인크래 프트Minecraft와 포트나이트Fortnite에서 각각 UC 버클리 대학 의 졸업식과 래퍼 트래비스 스콧Travis Scott의 콘서트가 열리 는가 하면, 개더타운Gather Town에서 업무를 보고, 이프랜드 ifland에서 제야의 종을 치며 연말 분위기를 즐기는 시대다.

블록체인 및 NFT 기술의 발달로 메타버스가 현실 경 제에 미치는 영향력도 점점 커지고 있다. 게임 플랫폼인 로 블록스Roblox에서 게임을 판매해 1년에 10만 달러를 벌어들 이거나, 제페토Zepeto 스튜디오와 포토샵으로 옷을 디자인 해 지속적인 수익을 올리는 등 이미 많은 개인이 메타버스 안에서 활발한 경제활동을 벌이고 있다. 파워 블로거에 이 어 유튜브 크리에이터가 부상했듯 다음은 메타버스 크리 에이터의 세상이 될 것이라는 예측이 나오는 이유다. 메타 버스 내의 부동산 붐도 뜨겁게 일어서 얼마 전에는 디센트 럴랜드Decentraland라는 가상 부동산 거래 플랫폼의 디지털 상가가 약 28억 원에 팔리기도 했다.

페이스북이 기업명을 '메타Meta'로 바꾸고 메타버스 플랫폼 기업으로 탈바꿈한 데서 드러나듯, 이제 메타버 스는 기업의 가상 홍보관만이 아니라 사업 모델을 구현하고 적극적인 기술 개발과 투자가 이루어지는 시장이라고 봐야 한다. 컨설팅 기업인 프라이스워터하우스쿠퍼_{PwC,} _{Pricewaterhouse Coopers}는 메타버스의 시장 규모가 2020년 957억 달러에서 2030년에는 1조 5,429억 달러로 성장하리라고 예측했다.

개인적으로는 메타버스가 기회의 평등이라는 가치를 구현할 공간이 되리라는 점에서 더욱 기대된다. 메타버스 내에서는 누구나 아바타로 활동하는 만큼 인종, 나이, 성별의 구분이 무의미해지고, 편견과 선입견에서 벗어나 자기 능력을 제대로 발휘하며 공정하게 평가받을 수 있다. 메타버스는 현실과는 달리 무한한 확장성의 세계이고, 이런 특성이 누군가에게는 무한한 기회가 될 거라 믿는다.

08

데이터 언리시로
전에 없던 가치를 창출한다

메이저리그를 소재로 한 〈머니볼Moneyball〉이라는 영화를 참
좋아한다. 데이터라는 개념조차 생소하던 시절, 데이터가
얼마나 중요한지 일깨워준 영화다. 제목인 '머니볼'은 오클
랜드 애슬레틱스Oakland Athletics 팀의 구단주인 실존 인물 빌
리 빈Billy Beane의 운영 방침을 일컫는 말이다. 그는 득점 확
률이 높은 선수는 홈런 타자가 아니라 출루율이 높은 타자
라고 데이터에 기반한 판단을 내린 후, 몸값이 비싼 유명
선수들 대신 출루율이 높은 선수들을 대거 영입해 팀을 꾸

렸다. 그 결과, 오클랜드 애슬레틱스는 2002년 8~9월 시즌에 20연승 달성이라는, 미국 프로야구 140년 사상 유일무이한 기록을 남기게 된다.

철저하게 데이터에 기반한 빈의 운영 방침에 당시의 구단 관계자들은 "그것은 야구가 아니다. 정석대로 해야 한다"라며 강하게 반발했다. 그러나 오늘날에는 데이터야말로 '야구의 정석'이며, 현대 야구는 곧 데이터 전쟁이라는 사실을 아무도 의심하지 않는다.

우리는 모든 것이 데이터가 되고, 데이터 간의 상관관계를 분석하는 기술이 쉴 새 없이 작동하는 세상에서 살아간다. 아침에 눈을 뜨는 순간부터 잠자리에 누울 때까지 끊임없이 데이터가 생산된다. 지인의 SNS에 '좋아요'를 누르고, 유튜브가 추천한 동영상을 클릭하고, 점심 값을 신용카드로 지불하고, 생필품을 쇼핑하는 동안 실시간으로 나의 모든 행위와 생각이 데이터로 변환되는 것이다.

빌리 빈의 데이터에 기반한 운영 방침에 반기를 들며 야구란 그런 게 아니라고 했던 사람들이 지금은 비웃음의 대상이 된 것처럼, 이제 데이터를 부정하고서는 아무것도 할 수 없는 세상이 됐다. 이런 시대에 데이터가 어떻게 모이고 어떻게 해석되는지 모르는 사람은 그저 데이터의 생산자이자 제공자로만 머물게 된다. 모두가 데이터 과학자가 될 필요는 없지만, 적어도 필요할 때 내가 원하는 데이터를 확보하고 거기에서 의미 있는 통찰을 뽑아내는 능력은 갖춰야 한다.

자사 플랫폼 개발에 열성인 기업들의 최종 목적

• • •

디지털 시대를 맞아 새로이 떠오른 트렌드가 D2C Direct to Consumer 다. 제조업체가 중간 유통 단계를 거치지 않고 소비자를 곧바로 자사의 쇼핑몰로 유입하여 물건을 직접 판매하는 방식을 가리킨다. 불과 7~8년 전만 해도 컨설팅 회사 대부분이 제조업체는 제조, 판매업체는 판매에만 집중해야 성과를 낼 수 있으며 D2C는 비효율적이라고 했지만, 현재는 디지털 기술의 발전으로 플랫폼 비즈니스가 가능해지면서 D2C 시장이 무섭게 성장하고 있다.

변화의 시작은 나이키였다. 2016~2017년에 극심한 매출 정체와 주가 하락을 겪은 나이키는 2019년에 거대 이커머스 아마존을 떠나 D2C에 주력하겠다고 발표했다. 중간 유통업체를 서서히 없애고 자사 홈페이지나 직영 오프라인 매장에서만 물건을 판매하겠다는 것이었다. 그로부터 1년 뒤, 나이키는 북미 시장 점유율 1위를 탈환하는 데 성공했다. 전년보다 매출은 9퍼센트, 영업이익은 30퍼센트 증가했고 주가는 두 배 이상 껑충 뛰었다. 나이키의 재기 이후로 패션 브랜드는 물론이고 전통 제조업체들까지 D2C 시장에 앞다퉈 뛰어들었다.

기업들이 D2C로 전환하려는 근본적 이유는 무엇일까? 유통업체 입점 수수료를 없애서 매출 이익을 극대화하려는 면도 있지만, 이보다 더 근본적인 목적이 있다. 고객 기반을 확장하려면 개개인의 니즈 파악이 무엇보다 중요한데, 아마존 같은 거대 이커머스 플랫폼에 의존하면 소비자 데이터를 얻기가 매우 어렵다. 반면 자사 플랫폼으로 충성도 높은 고객을 유입할 수만 있다면 막대한 고객 데이터베이스를 구축하는 일이 가능해진다. 나이키가 D2C 전환을 선언함과 동시에 데이터 분석 기업 셀렉트Celect를 인수한 것도 우연은 아니다.

의약품은 제조사에서 실사용자까지 엔드 투 엔드End to

End 방식으로 판매되지 못하고, 반드시 병원이나 약국을 거쳐야 하므로 일반 제조업체보다 소비자 데이터를 확보하기가 더 어렵다. 변비 치료제를 판매하는 둘코락스가 자사 홈페이지에서 진행하는 '변BTI 테스트'는 이런 이슈를 해소하고 고객과의 접점을 만들기 위한 전략이다. 심리 테스트를 하듯 변비에 관한 몇 가지 질문에 답하면 나의 변비 대처 유형을 MBTI에 견주어 알려주는데, 이벤트 자체가 마케팅의 일환이기도 하지만 자사 홈페이지 유입량을 늘려서 고객 데이터를 확보하려는 목적이 더 크다.

샌프란시스코에 가면 육면체 몸통에 바퀴가 달린 작고 귀여운 로봇이 거리 곳곳을 누비는 모습을 흔히 볼 수 있다. 자율주행으로 음식을 배달하는 키위봇KiwiBot이다. 빅데이터 분석으로 음식 주문이 가장 활발한 시간대와 장소를 미리 파악해 대기했다가 주문이 들어오면 음식을 싣고서 6대의 카메라와 GPS로 주변 물체를 감지해가며 배달지를 향해 주행한다. 평균 배달 시간은 30분, 배달비는 사람 배달원보다 3~7달러 정도 저렴한 5달러다.

키위봇을 만든 스타트업 기업인 키위캠퍼스Kiwi Campus 는 사업 초기에 약 24억 원의 투자금을 유치해 화제를 모았는데, 구글도 이 회사의 투자사 중 하나다. 구글이 투자를 결정한 이유는 무엇이었을까? 키위봇이 수집하는 도로 영상 데이터 때문이다. 자율주행차는 아직 반려견이나 어린이를 완벽하게 인식하지 못하는데, 키가 60센티미터 정도인 키위봇이 거리 곳곳을 누비며 수집한 낮은 시점의 도로 영상이 이 문제를 해결하는 데 도움이 되리라 기대하고 있다. 구글이 보유한 데이터의 양은 이미 엄청난 수준이지만, 더 새롭고 신선한 데이터를 확보하는 일에는 언제나 주저함이 없다.

데이터의 양은 그 자체로 가치가 있다. 유튜브나 지메일 같은 플랫폼에는 수많은 사용자가 방문하여 데이터를 남긴다. 이 데이터가 광고 비즈니스로만 쓰인다고 생각하기 쉽지만, 사실은 사업 다변화를 키워낼 씨앗이라고 봐야 한다.

그 대표적인 사례가 아마존의 헬스케어 산업 진출이다. 아마존의 인공지능인 알렉사Alexa가 의료 현장에 투입되어 의사와 함께 전자의무기록EMR을 작성하는가 하면, 이미 보유한 환자 의료 데이터를 기반으로 질병 예측 프로그램도 개발 중이다. 이 과정에서 막대한 고객 데이터가 또 얻어질 테고, 이를 활용해 아마존 헬스케어 사업은 더욱 다양하게 확장될 가능성이 크다. 결국 데이터 산업은 새로운 비즈니스 모델을 창출하고 산업 간 경계를 허물며 더 방대해질 것이다.

고객 경험을 변화시켜야 데이터가 나온다

· · ·

기업이 고객 데이터를 확보하는 가장 좋은 방법은 무엇일까? 다시 나이키의 성공 사례로 돌아가자. "나이키 물품을 대신 팔아준 소매업체와 차별화된 고객 경험을 전달할 직접적 소통 플랫폼을 만들겠다." 나이키 CEO인 존 도나호John Donahoe가 D2C 전략을 선언하면서 한 말이다. 자사 플랫폼의 핵심 가치를 '고객 경험'에 두고, 제품은 물론이고 디지털 플랫폼으로도 만족스러운 고객 경험을 선사하겠다는 의지를 밝힌 것이다.

나이키의 이런 전략은 디지털 전환의 모범 답안이라 할 수 있다. 아직도 많은 기업이 '디지털화digitalization'를 '디지털 전환digital transformation'으로 혼동한다. 아날로그 형태로 존재하던 문서나 사진 등의 정보를 컴퓨터에 저장해 이용할 수 있도록 디지털 형태로 변환하는 것을 '전산화digitization'라고 한다. 여기서 한 단계 더 나아간 것이 정보 통신 기술을 활용하는 디지털화다. 우체국 서비스가 전자우편 서비스로, 은행 창구 업무가 은행 앱으로 전환되는 현상을 예로 들 수 있다.

이 단계에서 디지털 전환으로 옮겨 가려면 단순히 오프라인 업무를 모바일로 옮기는 것만으로는 부족하다. 디지털 전환의 핵심은 비즈니스 모델의 확장과 온라인을 통한 새로운 고객 경험에 있다. 나이키가 자사 플랫폼 개발로 이루고자 한 목표가 바로 이것이다.

그 첫 번째 결과물은 모바일 앱인 나이키 런 클럽Nike Run Club이다. 이름대로 나이키 운동화를 신고 달리는 사람들을 위한 앱으로, 사용자가 달리는 동안 속도와 거리를 음성으로 안내해준다. 다 뛰고 나면 그날 달린 코스를 지도로 보여주고 칼로리 소모량을 알려주는데, 이 기록을 인스타그램으로 공유할 수 있다는 점이 인기 요소 중 하나다. 초보 러너를 위해 전문 코치가 오디오 가이드를 해주는 프로그램도 있다.

나이키의 자사몰 운영 방식도 눈여겨볼 필요가 있다. 나이키 플러스 멤버십은 자사 앱의 회원에게 제공하는 서비스인데 신상품 선공개 및 구매 혜택, 회원에게만 판매하는 한정판 슈즈의 응모권 등을 제공한다. 현재 전 세계의 나이키 플러스 멤버십 가입자 수는 2억 명이 넘는다.

나이키는 이렇게 구축한 고객 데이터베이스를 기반으로 콘셉트 매장인 나이키 라이브를 론칭하는 등 온라인과 오프라인의 연계도 꾀하고 있다. 나이키 플러스 멤버십의 데이터로 고객의 라이프스타일과 선호 제품 등을 분석해 매장의 상품 구성, 재고관리, 마케팅 등에 활용하고 큐레이션 쇼핑 체험이 가능하도록 설계했다.

자사 온라인 플랫폼을 단순히 판매 공간으로만 인식해서는 고객의 데이터를 지속해서 확보하기 어렵다. 고객이 자발적으로 팬덤을 형성해 기꺼이 자사몰을 방문하게 하는 것이 핵심이고, 그러려면 나이키의 사례처럼 고객과의 접점을 확대하고 고객 경험을 확장할 방법을 꾸준히 모색해야 한다.

데이터 리터러시를 넘어 데이터 언리시로

• • •

얼마 전 국민의힘에서 광역·기초의원 공천 신청자를 대상으로 PPAT People Power Aptitude Test(공직후보자 기초자격평가)를 실시해 화제를 모았다. PPAT 연습문제 중에서 흥미로운 문항이 있어 소개한다. 분석 및 판단력 평가 영역에 해당하는 문제인데, 여러분도 함께 풀어보길 바란다.

Question

갑 : 통계에 따르면 횡단보도를 건너다가 사망한 사람은 1,234명인데, 같은 기간 무단 횡단을 하다가 사망한 사람은 480명에 불과했대.

을 : 그렇다면 오히려 무단 횡단을 하는 게 더 안전하다는 결론을 내릴 수 있겠구나?

갑 : (   )

갑의 대답 중 을의 생각을 가장 논리적으로 반박한 것은?

① 횡단보도로 길을 건너는 것이 모두에게 안전해.

② 무단 횡단을 할 경우 차가 오는지를 더 민감하게 살피기 때문에 오히려 사고율이 낮아지게 마련이야.

③ 절대다수의 보행자들이 횡단보도로 길을 건너기 때문에 횡단보도에서 사망하는 사람이 무단 횡단을 하다가 사망하는 사람보다 많은 것은 당연한 거야.

④ 무단 횡단을 하는 사람들은 다른 사람들보다 더 민첩하기 때문에 이러한 사람들의 사고율이 적은 것은 당연한 거야.

정답은 ③이다. 만일 데이터 해석 능력이 부족한 정책 입안자라면 횡단보도 사망자와 무단 횡단 사망자의 수를 단순하게 비교해 '횡단보도 교통사고에 집중한 정책을 만들어야 한다'라는 결론에 도달할 수도 있다.

이 사례에서 알 수 있듯 데이터가 올바른 의사 결정을 위한 재료로 제대로 쓰이려면 일상의 모든 시그널을 어떻게 정의하고 해석하는가는 매우 중요한 문제가 된다. 가령 자영업자에게는 손님들이 화장실에 가는 경로와 같이 아주 사소한 정보 하나도 고객 경험과 매출에 영향을 미치는 중요한 요소가 될 수 있다.

다행히 데이터 플랫폼의 발전으로 이전보다 정보의 수

집과 분석이 쉬워지면서 이제는 누구라도 데이터를 모으고 그 의미를 해석할 수 있는 시대가 됐다. 이에 따라 데이터 리터러시Data Literacy, 즉 데이터를 목적에 따라 생성하고 그 숨은 의미를 찾아서 자기 업무에 적용하는 역량이 어느 때보다 중요해졌다. 구글의 수석 경제학자인 할 베리언Hal Varian은 누가 어떤 업무에 종사하든 앞으로 10년간 가장 중요한 비즈니스 능력은 데이터 리터러시가 될 것이라고 강조했다.

그렇다면 미래 핵심 역량이라는 데이터 리터러시는 어떻게 함양할 수 있을까? 가장 중요한 것은 데이터를 친근하게 받아들이는 자세다. '데이터'라는 단어에는 4차 산업혁명이니 미래 먹거리니 하는 거창한 담론이 으레 따라붙지만 사실 데이터는 우리 일상에 공기처럼 존재하는 것이다.

직장 동료가 한겨울에도 아이스 아메리카노만 마시는 장면을 3년째 보고 있다면 이것도 일종의 데이터 축적이라고 할 수 있다. 이 데이터를 어떻게 적절히 활용할 수 있을까? 동료가 부담을 느끼지 않을 작은 선물을 해야 할 때 스타벅스 아이스 아메리카노 기프티콘을 선택하면 된다는 결론을 도출할 수 있다. 식당을 선택할 때 이용자 별점을 참고하되 그 별점이 과연 믿을 만한 데이터인지 꼼꼼하게 뜯어보는 일도 일종의 데이터 리터러시다. 이처럼 데이터 리터러시는 우리 일상의 작은 문제를 해결하는 데도 요긴하게 쓰인다.

데이터 리터러시에서 중요한 또 하나는 데이터가 필요한 근본 원인을 파악하는 것이다. 오늘날 같은 데이터 홍수 시대에는 '이 데이터가 왜 필요한가?'라는 근본적 질문이 없으면 망망대해를 떠도는 가랑잎 신세를 면하기 어렵다. 데이터를 수집하고 해석하고 활용하는 모든 과정에 "왜?"가 끈질기게 따라붙어야 한다.

마지막으로는 데이터를 나의 업무나 개인적인 미션과 연결해보는 훈련을 하라고 권하고 싶다. 나와 연결되지 않는 데이터는 아무런 의미가 없는 쓰레기와 다를 바 없다. 내가 구글에서 일하면서 가장 크게 깨달은 점은 누군가가 아무런 가치도 없는 쓰레기라고 여긴 데이터로 누군가는 문제를 해결하고 새로운 가치를 만들어낸다는 사실이다.

역설적인 사례이기는 한데, 최근 구글은 러시아의 우크라이나 침공에 대응해 우크라이나 현지의 구글 맵스에서 실시간 교통 데이터 기능을 비활성화했다. 구글 맵스에

**위는 실시간 교통 정보 기능이 비활성화된
우크라이나의 구글 맵스,
아래는 활성화 상태인
도쿄의 구글 맵스**

(출처: google map)

서 제공하는 실시간 교통량과 공공장소에 모인 인파 규모 등의 데이터가 우크라이나 현지인의 안전을 위협할 수도 있다고 판단했기 때문이다. 이처럼 데이터는 언제 어디서 누구에 의해 어떻게 해석되느냐에 따라 전혀 다른 가치를 지니게 된다.

그런 의미에서 나는 데이터 리터러시를 넘어 데이터 언리시까지 우리 능력이 확장돼야 한다고 생각한다. 모든 데이터가 나와 연결될 수 있고 나의 무기가 될 수 있다는 믿음, 데이터에서 새로운 잠재력과 가능성을 발견할 수 있다는 긍정성이 있어야 데이터 리터러시도 가능할 것이기 때문이다.

09

남들 다 가진 재료도
나만의 무기가 된다

키위봇은 2017년에 출시되자마자 대학 캠퍼스를 중심으로 폭발적인 인기를 끌었다. 외모는 장난감처럼 귀엽지만, 이래 봬도 스스로 돈을 번 최초의 자율주행 로봇으로 평가받는다. 대학 캠퍼스의 젊은이들부터 공략한 덕분에 향후 키위봇의 잠재 고객은 어마어마하다.

그런데 이 로봇에는 고질적인 문제가 하나 있다. 키가 어른 무릎 정도밖에 안 되다 보니 운전자들의 눈에 잘 띄지 않아 교통사고를 당하는 일이 잦은 것이다.

자, 여러분이 이 문제를 해결해야 한다면 어떤 방법을 쓰겠는가? 로봇공학자도, IT 개발자도 아닌데 뾰족한 수가 있겠느냐고 되물을지도 모르겠다. 이 문제를 해결한 사람은 컴퓨터과학을 전공한 구글의 개발자였다. "그러면 그렇지!"라며 무릎을 치기에는 이르다. 그가 내놓은 방안은 유치원생이나 초등학생도 떠올릴 법한 지극히 단순한 것이었다. 어린이들이 길을 건널 때 손을 높이 들듯이 로봇 몸통에 깃발을 하나 달아주자는 아이디어였다. 최첨단 IT 기술과는 거리가 먼 이 아이디어 하나로 키위봇의 교통사고율은 자그마치 65퍼센트나 감소했다.

자전거도로에 흰색 페인트로 적힌 '천천히'라는 글자를 다들 보았을 것이다. 이 글자를 보고서 속도를 줄이는 자전거가 과연 얼마나 있을까. 우리가 어떤 민족인가. 엘리베이터가 닫히는 그 몇 초를 못 참고서 닫힘 버튼이 마르고 닳도록 눌러대는 사람들이 아닌가. 그런데 뼛속 깊이 '빨리빨리' 유전자가 새겨진 나도 런던이나 하라주쿠 같은 도시에 가면 달라진다. 속도를 줄여야 하는 구간마다 흰색 페인트로 지그재그가 그려져 있는데 나도 모르게 그 선을 따라가려고 집중하다 보면 자연스레 속도를 줄이게 된다.

2022년 미국프로풋볼 결승전 슈퍼볼 중계에서 가장 화제를 모은 것은 가상자산 거래소인 코인베이스Coinbase의 QR코드 광고였다. 슈퍼볼은 세계 최대 규모의 단일 스포츠 경기로, 매년 180개국에 생중계되며 1억 명 이상이 시청한다. 그런 만큼 광고 효과도 어마어마해서 해마다 내로라하는 기업들이 이 슈퍼볼 광고에 엄청난 물량 공세를 퍼붓는다. 그런데 코인베이스는 놀라울 만큼 단순한 광고를 선보였다. 검은 화면에 색깔이 시시각각 바뀌는 QR코드가 둥둥 떠다니는데, 이 QR코드에 접속하면 15달러 상당의 비트코인을 얻을 수 있고, 300만 달러가 걸린 이벤트에 자동으로 응모되는 방식이다. 유명 모델도, 화려한 CG도 없는 이 15초짜리 광고가 끝나자 코인베이스 접속자는 2천만 명을 넘겼고, 앱 다운로드 수는 279퍼센트 증가했다.

키위봇의 교통사고 위험을 획기적으로 줄인 도구는 자율주행용 지도도, 머신러닝 기술도 아니라 우리 주변 어디에나 흔히 있는 철사와 깃발이었다. 자전거 속도를 줄인 도구도 지그재그로 그린 흰색 페인트 선이었다. 전 세계 시청자들의 눈길을 잡아끈 코인베이스의 광고에는 화려한 CG도, 최첨단 기술도 등장하지 않는다. QR코드라는 너무도

2022년 슈퍼볼에서 화제를 모은
코인베이스의 QR코드 광고 영상

흔하고 평범한 기술을 활용했을 뿐이다.

평범한 재료와 도구를 언리시하면 이렇게 놀라운 쓰임새가 발견된다. 흔하디흔한 재료, 누구나 다 가진 도구라고 폄훼해서는 안 되는 이유다.

〈맥가이버〉라는 1980년대 미국 드라마가 있다. 첩보원 맥가이버가 현장에 있는 재료와 도구만으로 무언가를 뚝딱뚝딱 만들어 위기를 돌파해가는 내용이다. 007의 무기가 강인한 신체라면 맥가이버의 무기는 언리시다. 맥가이버는 위기에 처할 때마다 일단 주변을 돌아본다. 평범한 종이 한 장, 라이터 하나도 그의 손에만 들어가면 때로는 탈출 도구, 때로는 눈속임 도구가 된다. 회차가 쌓이면서는 '아니 저 도구가 왜 거기서 나와?' 싶게 억지스러운 설정도 간혹 보였지만, 당장 손에 잡히는 도구와 재료에서 무한한 가능성을 발견한다는 점에서 맥가이버야말로 언리시의 장인이라 할 만하다.

강연 후 질의응답 시간에 "우리 학교에는 ○○가 없는데", "우리 회사는 ○○가 부족한데"라는 말로 질문을 시작하는 분들이 있다. 그런 분들에게는 주변을 다시 한 번 돌아보시라고 말씀드린다. 흔하고 평범하고 남들 다 가진 도구라도 그 쓰임새에 대한 편견을 버리고 새로운 눈으로 바라보면 전에 없던 가능성이 반드시 보일 것이다.

남들 다 보는 유튜브로 금메달을 딴 사나이

• • •

유튜브야말로 흔하고 평범하고 남들 다 가진 도구의 대표 격일 것이다. 그렇다면 내가 유튜브라는 도구를 어떻게 활용하고 있는지 한번 돌아보자. 누군가는 달고나 만드는 법이나 최신형 휴대전화 리뷰를 검색할 것이다. 또 누군가는 드라마 클립이나 아이돌 영상을 시청할 것이다. 강연 영상에서 인사이트를 얻는 직장인도 있을 테고, 비대면 수업을 하는 학생, 자기 관심사를 직접 콘텐츠로 만드는 크리에이터, 라이브 커머스로 수익을 올리는 인플루언서도 있을 것이다.

누군가는 유튜브로 메달을 따기도 한다. 케냐의 창던지기 선수인 줄리어스 예고 Julius Yego가 그 주인공이다. 창던지기는 백인 선수들이 메달을 휩쓸다시피 하는 종목이다. 그런데 예고 선수는 창던지기 불모지에서 지원은커녕 변변한 코치도 없이 독학으로 2015년 세계육상선수권대회에서 창던지기 금메달을 따냈다. 그의 유일한 코치는 유튜브였다. 그의 별명이 '미스터 유튜브'인 이유다. 그는 근력이나 점프력이 뛰어나지는 않지만 자세만큼은 세계 최고의 수준이라는 평가를 받는데, 자세를 익히는 데 결정적인 도움을 준 학습 도구가 바로 유튜브 동영상이었다고 한다.

2021년 도쿄 올림픽에서는 스카이 브라운Sky Brown이라는 13세 소녀가 스케이트보드 여자부 파크 종목 결선에서 동메달을 따면서 영국 최연소 메달리스트가 됐는데, 그가 전문 코치진도 없이 메달을 딴 비결도 다름 아닌 유튜브였다고 한다. 하루 몇 시간씩 유튜브를 보고 연습했다는 그는 구독자가 33만 명에 달하는 유튜브 채널의 운영자이기도 하다.

그렇다면 2005년에 유튜브를 인수한 구글에서는 이를 어떻게 활용하고 있을까? 이렇게 물으면 당연히 유튜브는 구글 온라인 광고 수익의 주요한 매출원이 아니냐고 되물을 것이다. 하지만 이것이 유튜브 쓰임새의 전부는 아니다. 얼마 전 세바시 강연 중에 한 방청객이 일행에게 몸을 기울여 불만을 얘기하는 듯한 장면을 목격했다. "딴짓하면

다 보여"라던 선생님들의 말씀이 과장이 아니었음을 깨달은 순간이었다. 강연을 이어가면서도 대체 내 강연의 어떤 점이 불만족스러웠을까 하는 궁금증을 떨칠 수가 없었다. 이럴 때 요긴하게 쓰일 만한 기술을 최근 구글이 개발했다. 멀리 떨어져 있어도 카메라로 얼굴 인식만 시키면 그가 무슨 이야기를 하는지 들을 수 있는 기술이다.

사람에게는 록 페스티벌의 한복판에서도 일행의 목소리를 집중해 들을 수 있는 능력이 있다. 여러 사람의 목소리와 잡음이 혼재한 상황에서 자신에게 중요한 소리를 선택적으로 집중해 들을 수 있는 능력을 칵테일 파티 효과 Cocktail party effect라고 한다. 인공지능 스피커가 아주 작은 잡음만 있어도 내 목소리를 인식하지 못하는 것은 칵테일 파티 효과를 지원하지 않기 때문이다.

구글이 이번에 개발한 것은 딥러닝을 이용해 여러 사람 중에서도 특정한 한 사람의 목소리만 추출하는 기술이다. 원리는 생각보다 간단하다. 영상 속 인물들의 입 모양에 따라 어떤 소리가 발생하는지를 인공지능에 반복해 학습시켰다. 즉 영상신호와 음성신호를 결합하는 훈련을 시킨 것이다. 이 모델을 학습시키기 위해 구글은 유튜브에 업로

드된 10만 건 이상, 2,000시간 분량의 강연 영상을 인공지능에 학습시켰다. 유튜브를 머신러닝의 학습 도구로 활용한 것이다.

흔하고 평범하고 남들 다 가진 도구인 유튜브를 어떻게 나만의 무기로 끌어 쓸 것인가는 결국 언리시하는 능력에 달렸다. 남들 다 보는 유튜브 영상이라고 그 도구적인 가치를 폄훼하는 사람은 유튜브에서 아무런 가능성도 발견하지 못한다. 유튜브는 그저 오락거리이자 TV 대용이라는 고정관념에서 벗어나지 못하는 사람도 마찬가지다. 내가 하고자 하는 일에 대한 목적의식이 분명하면 비단 유튜브뿐만 아니라 세상 모든 것이 나를 위한 도구이자 재료로 보인다. 문제는 도구가 아니라 내가 그것을 언리시할 수 있느냐 없느냐다.

허공에 떠 있는 기술을 일상으로 끌어내리는 방법

. . .

1997년에 IBM 인공지능인 딥 블루Deep Blue가 체스 세계 챔피언인 가리 카스파로프Garry Kasparov와 체스 실력을 겨루어 승리를 거뒀다. 체스의 경우의 수는 10의 123승이다. 20년 후인 2016년 3월, 구글의 인공지능인 알파고 AlphaGo가 이세돌 9단과의 대결에서 4 대 1로 승리했다. 바둑의 경우의 수는 10의 360승이다. 그로부터 6년이 흐른 지금, 인공지능은 어디까지 발전했을까?

얼마 전 국제 학술지《네이처 Nature》에 구글의 인공지능이 반도체 칩을 직접 설계하는 데 성공했다는 논문이 실렸다. 영화의 한 장면처럼 기계가 기계를 직접 만드는 일이 현실이 된 것이다. 반도체 칩 개발에서 가장 중요하고도 어려운 단계는 평면 배치 floorplanning다. 손톱 크기의 칩 안에 수천만 개의 논리회로와 수천 개의 기억소자를 효율적으로 배치해야 한다. 설계팀 여럿이 한꺼번에 작업해도 수개월 이상이 걸린다. 이 어렵고 까다로운 설계 작업을 인공지능은 불과 6시간 만에 끝내버렸다. 기억소자를 배열하는 경우의 수는 10의 10만승이다.

작업 속도도 놀랍지만, 더 흥미로운 점은 작업 방식이다. 다음 페이지에서 ①은 사람의 설계, ②는 인공지능의 설계다. 사람은 책장을 정리하듯 일정한 배열로 기억소자를 배치했지만, 인공지능은 일정한 패턴 없이 마구잡이로 배

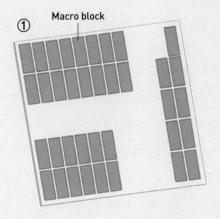

Macro block

① ②

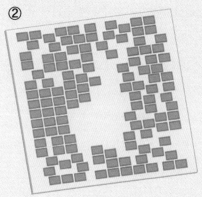

**사람(위쪽)과 인공지능(아래쪽)의
기억소자 배치도**

(출처: nature)

치했음을 알 수 있다.

"내가 두던 방식과 전혀 다르다." 이세돌 9단이 알파고와의 대국을 마친 뒤에 한 말이다. 당시 현장에 있었던 나는 이세돌 9단의 이 말이 머신러닝의 핵심을 잘 드러낸다고 생각했다. 그의 말처럼 머신러닝은 인간과 다른 방식으로 사고한다. 사람보다 속도만 빠른 게 아니라 아예 사람과 다른 차원의 사고를 함으로써 전에 없던 방식으로 문제를 해결한다.

인공지능을 비롯한 기술의 발전은 이미 거스를 수 없는 거대한 물결이다. 그런데 '그런 기술은 대체 어디다 써먹는 거냐?'라는 인간의 의문은 점점 커지고 있다. 기술 발전의 속도를 인간이 미처 따라잡지 못하게 된 것이다.

다음 페이지의 그래프는 스탠포드대학의 컴퓨터공학 교수이자 구글X의 수장인 에릭 아스트로 텔러Eric Astro Teller가 기술 발전 속도에 인간이 어떻게 적응하고 있는가를 설명하기 위해 그린 그래프다.

이 그래프에 따르면 기술 발전의 속도는 가파른 상승 곡선인 데 반해 인간의 기술 적응력은 완만하게 상승하고 있다. 현재 우리는 기술 발전이 인간의 인식을 훨씬 웃도는

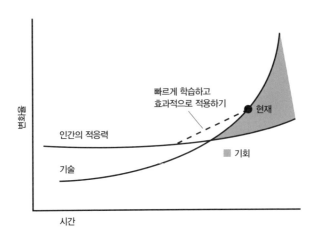

기술 발전 속도와 인간 적응력의 관계

시대에 살고 있다. 기술은 이미 존재하는데 인간이 그것을 어떻게 활용할지 알지 못하는 단계에 와 있다는 뜻이다. 이제 우리는 인공지능이 어떤 일에서 왜 그런 결정을 했는지조차 이해하지 못한다.

이 그래프의 은별색 구간은 기술 발전과 인간의 적응력 사이의 간극을 의미한다. 이 구간의 넓이를 줄이려면 어떻게 해야 할까? 에릭 텔러 교수는 그 해답으로 '휴먼 스킬

human skill'을 제안한다. 휴먼 스킬이란 인공지능에는 없는, 오로지 인간만이 지니는 특성과 능력을 가리키는 말이다.

그는 어쩔 수 없이 우리에게 긍정이 필요하다고 강조한다. '기술 발전은 좋은데 이걸 어디다 쓰겠어?' 하고 부정적으로 볼 게 아니라, 인간 고유의 창의력과 상상력으로 저 높이 떠 있는 기술을 현실 세계로 끌어오는 긍정성이 필요하다. 모든 기술은 혁신적이고 아름답지만, 그것이 그저 존재하기만 한다면 가치 있다고 말할 수 없다. 기술의 가치는 오로지 인간이 활용하고 적용하고 상용할 때만 생긴다.

이 아름다운 기술들이 우리를 기다리고 있다

● ● ●

인공지능이, 자율주행이, 로봇공학이 나와 무슨 상관인지 모르겠다는 사람도 있을 것이다. 그러나 이런 의문에 갇혀 있을 때 누군가는 이미 기술 발전의 가파른 등에 올라타서 저만치 앞서 달리고 있다.

인공지능이 머핀과 강아지 얼굴도 구별하지 못한다는 이유로 조롱받던 때가 있었다. 그러나 오늘날의 인공지능은 비전 API라는 프로그램으로 이 둘을 0.01초도 걸리지 않아 정확하게 구별해낸다. 머핀과 강아지 얼굴을 구별해서 뭐에 쓰느냐는 사람도 있지만, 이 단순한 기술이 요즘은 날씨 예측 앱에 활용되고 있다. 방대한 구름 사진 데이터로 인공지능을 학습시키면 비를 내리는 구름과 내리지 않는 구름을 구별할 수 있다는 원리에 기반한 앱이다.

최근 디즈니 캘리포니아 어드벤처에 마블 시네마틱 유니버스를 배경으로 하는 어벤져스 캠퍼스가 개장했다. 특히 눈길을 끄는 것은 스파이더맨 스턴트 쇼다. 영화 속 스파이더맨이 현실에 나타나 건물 사이를 날아다니고 백 텀블링을 선보인다. 한 치의 오차도 없는, 이 아찔한 액션 연기의 주인공은 놀랍게도 인간이 아니라 영화 속 스파이더맨의 형체와 움직임을 본떠 만든 스턴트로닉스Stuntronics라는 로봇이다. '로봇 연기'라는 말이 무색하게도 이 로봇의 액션 연기는 자연스럽기 그지없다. "그래서 로봇으로 지금 뭘 할 수 있는데?"라고 누군가 묻는다면 이 스턴트 로봇의 액션 연기를 보라고 권하고 싶다. 로봇 배우는 인간 배우보다 더 정확하고 안전하게 고난도 액션 연기를 소화할 수 있어서 앞으로 더욱 많은 영화와 테마파크에서 다양하게 쓰일 것이다.

최근 우리에게 부쩍 친숙해진 기술이 VR Virtual Reality (가상현실)과 AR Augmented Reality (증강현실)이다. 이 두 기술은 개발 당시에 폭발적인 관심을 끌었지만 제반 인프라의 부족과 기술의 한계로 기대만큼 성장하지 못했다. 그러다 최근 5G가 상용화되고 관련 하드웨어 기술이 발전하면서 쇼핑 편의성을 위해 VR·AR 기술을 활용하는 기업이 점점 늘고 있다. 가령 AR 앱인 이케아 플레이스 IKEA Place 를 이용하면 실제 나의 공간에 이케아의 가구를 가상으로 배치해볼 수 있다. VR·AR 기술이 우리 일상에 파고들어 활용되기까지 무려 10년이라는 시간이 걸린 셈이다.

그렇다면 앞서 소개한, 특정 인물의 목소리를 추출하는 구글의 시청각 모델은 어디에 쓰일 수 있을지 연습 삼아 생각해보자. 이 기술은 법적인 이슈가 있어서 아직 상용화되지 못했다. 그러나 에릭 텔러 교수의 말처럼 우리의 휴먼 스킬, 즉 긍정성과 창의력으로 이 기술을 현실로 끌어당길 방법을 상상해볼 수는 있을 것이다.

가령 이 기술을 화상회의에 활용하면 어떨까. 자택 서재에서 생방송 화상 인터뷰를 진행하던 한 교수가 갑자기 방문을 열고 들어온 두 아이 때문에 어쩔 줄 몰라 하는 영상이 한때 화제를 모았다. 재택근무를 하다 보면 이런 돌발 상황이 수시로 생긴다. 이때 마이크를 꺼둔 채 이 시청각 모델 프로그램을 쓰면 아이가 내는 소리는 전혀 들리지 않고, 회의 참석자가 하는 말은 인공지능을 통해 자막으로 옮겨진다. 요즘은 한국어 콘텐츠에도 자막 서비스가 제공되는데, 시청각 모델 프로그램을 이용해 인공지능만으로 자막을 제작할 수도 있을 것이다. 이외에 보청기 성능 개선, 영상통화 잡음 제거 등의 분야에서도 요긴하게 활용될 수 있다.

"내가 그의 이름을 불러주었을 때 그는 나에게로 와서 꽃이 되었다." 김춘수 시인의 이 시구처럼 우리의 창의력이 없으면 아무리 찬란한 기술도 그저 공중에 둥둥 떠다니는 무의미한 것에 지나지 않는다. 그러니 이 기술이 나와 무슨 상관이냐는 부정적이고 구태의연한 사고에서 벗어나 내가 하는 일과 어떻게든 연결해보려고 노력하길 바란다. 이 모든 아름다운 기술이 당신을 기다리고 있다.

티처블 머신으로 인공지능 학습시키기

• • •

인공지능AI, Artificial Intelligence은 인간과 같은 지능을 컴퓨터로 구현하려는 모든 기술을 가리킨다. 크게 지식공학과 머신러닝Machine Learning으로 나뉘는데, 세탁기·건조기·압력밥솥처럼 사람이 입력한 대로 작업을 수행하는 인공지능은 지식공학, 데이터를 학습해 특정 업무를 실행하는 인공지능은 머신러닝이라고 보면 된다.

사람이 다양한 경험을 하면서 학습하고 이를 통해 성장하듯, 인공지능도 자신에게 주어진 다양한 데이터를 경험 삼아 학습하고 이를 통해 문제 해결을 위한 판단 능력을 갖추게 된다. 이를 가능케 하는 하위 기술이 바로 알파고로 유명해진 딥러닝Deep Learning이다. 딥러닝의 핵심은 수많은 데이터의 반복 학습이다. 데이터가 풍부할수록 더 많은 학습을 할 수 있고, 정확한 판단을 내릴 가능성도 커진다. 구글이 다른 기업보다 인공지능 분야에서 앞서갈 수 있는 것도 상대적으로 더 많은 데이터를 확보하고 있기 때문이다.

인공지능 분야를 더 쉽게 이해하고 싶다면 구글이 만든 티처블 머신 사이트teachablemachine.withgoogle.com를 방문해보길 바란다. 회원 가입 절차 없이 누구나 손쉽게 머신러닝의 지도 학습 과정을 체험할 수 있다.

티처블 머신에서 인공지능의 학습은 데이터 수집, 학습training, 학습 결과 평가preview 등 모두 세 단계로 이루어진다. 가령 인공지능에 사과와 배의 이미지를 구별하는 학습을 시키고 싶다면 아래 순서대로 진행하면 된다.

① 티처블 머신 사이트(PC만 지원)에 들어가 Get Started 버튼을 클릭한다.

② Image, Sound, Poses 중 Image를 선택한다.

③ Class 1을 클릭하고 빈칸에 '사과'라고 입력한다. 그런 다음 웹캠을 켜고 사과를 한 바퀴 빙 돌려가며 꼼꼼하게 인식시킨다. 사과 사진을 여러 장 올려도 되지만, 학습에 충분한 양의 데이터를 확보하려면 아무래도 웹캠으로 이미지를 수집하는 편이 낫다. 최소 200장 이상의 이미지를 수집하기를 권한다.

④ Class 2를 클릭하고 빈칸에 '배'라고 입력한다. ③과 같은 방법으로 배를 웹캠에 비추고 이미지를 200장 이상 수집한다. 여기까지가 데이터 수집 단계다.

⑤ 이제 학습 단계로 넘어가자. Train Model 버튼을 눌러서 지금

까지 수집한 사과와 배의 이미지를 인공지능이 학습하도록 한다. Model trained라는 글자가 뜨면 학습이 완료된 것이다.

⑥ 마지막으로 학습 결과를 평가한다. 웹캠에 사과 또는 배를 보여주고 인공지능이 이를 잘 구별하는지 확인한다. 단, ③~④에서 사용한 사과와 배는 이 단계에서 쓰지 않는다. 다른 사과와 배로 검증해야 인공지능이 제대로 학습했는지 알 수 있다.

⑦ Export Model(내보내기) 기능을 통해 지금까지 만든 학습 모델을 텐서플로TensorFlow로 내보내거나 다운받을 수 있다. 텐서플로는 구글에서 공개한, 딥러닝과 머신러닝에 활용하는 오픈소스 소프트웨어다.

이미 있는 기술로
전에 없던 가치를 창출하는 사람들

• • •

이제까지 당신은 티처블 머신 사이트를 통해 인공지능을 어떻게 학습시키는지 그 원리를 알아봤다. 자, 그럼 질문 하나를 던지려 한다. 당신은 이 티처블 머신을 활용해 무엇을 하고 싶은가? 당신이 하는(또는 하고자 하는) 일에 티처블 머신이 어떤 도움이 될까?

오이 농사를 짓는 일본 농부인 고이케 마코토 씨는 오이의 등급을 나누어 포장하는 단순노동이 너무나 귀찮았던 나머지 기막힌 묘수를 낸다. 수많은 오이 사진을 수집해 티처블 머신으로 인공지능을 학습시킨 것이다. 그렇게 인공지능이 탑재된 오이 분류기가 탄생했고, 사람의 손을 빌리지 않고도 오이의 길이, 두께, 질감, 흠집을 확인해 분류하는 자동화에 성공하게 된다.

동탄국제고 2학년 김윤기 학생(현재 아주대학교 소프트웨어학과에 재학 중)은 구글의 오픈소스인 텐서플로를 활용해 시각장애인을 위한 길 안내 프로그램을 개발했다. 자전거를 탄 채 보도와 차도를 촬영하는 방법으로 영상 데이터를 확보한 뒤 이를 이용해 인공지능이 자전거 앞길은 안전한 보도로, 옆길은 위험한 차도로 인식하도록 학습시키는 원리다. 인도人道 영상 데이터의 수집에 한계가 있어 인공지능을 충분히 학습시키기 어렵다는 문제가 있었으나 이후 여러 기업과 단체, 개인들이 힘을 보태어 약 150만 장 이상의 고화질 공개 데이터가 모였다.

동아시아바다공동체 오션은 해양 쓰레기 모니터링 방법을 꾸준히 모색해왔는데, 최근에는 구글과의 협업으로 드론과 인공지능을 활용하고 있다. 드론으로 해변 사진을 수집한 다음에 이를 통해 다양한 해변 환경에서 쓰레기를 식별하고 정량화하도록 인공지능을 학습시키겠다는 계획이다.

마지막으로 내 운동을 도와주고 있는 퍼스널 트레이너의 사례를 소개하려 한다. 티처블 머신으로 인공지능을 학습시키면 이미지, 소리, 움직임을 식별할 수 있다는 이야기를 들은 그분은 이 기술을 자신의 전문 분야에 적용해보기로 했다. 일반적인 홈트레이닝 앱은 운동 방법을 가르쳐줄 수만 있고 교정해줄 수는 없다는 단점이 있다. 반면 움직임을 식별하는 인공지능 기술을 홈트레이닝 앱에 활용하면 사용자의 자세나 방법이 정확한지 그때그때 점검하고 바로잡을 수 있어서 운동 효과를 높이고 부상도 방지할 수 있다. 이 근사한 아이디어는 스타트업 창업으로 이어졌으며, 현재 그분의 기업은 유수의 기업에서 투자를 받으며 안정적으로 성장하고 있다.

티처블 머신은 PC를 소유한 누구라도 자유로이 쓸 수

있는 오픈소스 도구다. 누군가는 이 프로그램을 그저 신기하고 재미있는 장난감으로만 여길 것이다. 그러나 누군가는 사업을 확장하고, 장애인을 돕고, 바다 쓰레기를 줄이기 위한 도구로 쓴다.

모두가 개발자가 될 필요는 없다. 중요한 것은 이미 있는 기술을 내 일과 연결해 활용할 방법을 찾는 일이다. 21세기는 전에 없던 새로운 기술을 만들어내는 사람이 아니라 이미 있는 기술로 세상에 없던 가치를 만들어내는 사람의 세상이 될 것이다.

CHAPTER 04

이제
나 자신을
언리시하라

마음속에 북극성을
품으면 길이 보인다

『중쇄를 찍자重版出来』는 연재 당시부터 '업무만화랭킹' 1위를 차지하고 '일본만화대상 2014' 후보에 오르는 등 뜨거운 화제를 모은 만화다. 출판사 코토칸을 배경으로 책 한 권이 나오기까지의 과정을 흥미롭게, 때론 감동적으로 그린다. '중쇄'는 책이 좋은 반응을 얻어 재인쇄에 들어가는 것을 가리키는 말로, 모든 작가와 출판인의 꿈이자 염원이라고 한다.

여러 에피소드가 기억에 남지만, 특히 출판사 코토칸

의 대표인 쿠지 마사루의 이야기가 인상적이었다. 이와테현의 탄광촌 출신인 그는 불우한 환경으로 의대 진학이 좌절되자 노름과 강도 짓으로 세월을 낭비한다. 한번은 한 노인으로부터 운은 모을 수 있으며, 이 운을 어디에 쓸지 잘 결정해야 한다는 조언을 듣는다.

그는 자기 운을 노름으로 낭비하지 않기로 하고 고향을 떠나서 닥치는 대로 열심히 일한다. 그러다 우연한 계기로 읽은 미야자와 겐지宮沢賢治의 시 「비에도 지지 않고」에 크게 감동해서 그 시집을 출판한 코토칸의 영업 사원으로 입사한다. 그렇게 출판인이 되어 사장에까지 오른 그에게 인생 최고의 목표는 중쇄를 찍는 일, 즉 히트작을 만드는 것이다. 이를 위해 그는 술, 담배, 도박을 끊은 것은 물론이고 집도 차도 다 팔고서 크고 작은 선행으로 운을 모아 히트작을 내는 데 전념한다.

그러던 중 우연히 앙케트에 응하고 받은 복권이 1등인 3천만 원에 당첨된 사실을 알게 된다. 자기 운을 출판사가 아닌 복권 당첨에 쓰기 싫어 고심하던 그는 끝내 그 복권을 염소 먹이로 던져준다. 그러면서 그는 중얼거린다. "이걸로 또 잔뜩 중쇄를 하겠구나."

데이터 모으기라면 모를까, 운 모으기에는 별 관심이 없지만 자신의 모든 운을 끌어모아서라도 이루고자 하는 목표가 있다는 것에는 충분히 공감할 수 있었다. 쿠지 마사루의 목표는 자기 출판사에서 내는 책들이 많은 사람에게 사랑받는 것이다. 이 목표 외에 다른 것들은 그저 곁가지에 불과하다. 남들이 다 횡재라고 생각하는 복권 당첨도 그에게는 출판사로 갈 운을 훔친 한낱 골칫거리다.

자신이 만든 책이 많은 사람에게 사랑받으면 좋겠다는 것은 사실 목표라기보다 소망에 가깝다. 쿠지 마사루와 전 직원이 아무리 안간힘을 쓴대도 출판사에서 만드는 모든 책이 중쇄를 찍을 수는 없는 노릇이다. 하지만 그런 소망이 있기에 그는 인생에 어떤 요행이나 불행이 끼어들어도 흔들리지 않는다. 내가 가야 할 방향을 분명히 알고 있는 사람, 내 인생의 북극성을 명징하게 찍은 사람만이 이럴 수 있다.

북극성은 너무나 까마득해 도달할 수 없지만 늘 머리 위에서 빛을 발하며 내가 가야 할 방향을 알려주는 존재다. 그런 의미에서 북극성은 추구할 목표가 아니라 방향을 일러주는 길잡이다. 북극성을 분명히 잡아놓으면 때로는 북

서쪽이나 북동쪽으로 갈 수는 있어도 남쪽처럼 영 엉뚱한 방향으로 헤매거나 길을 잃지는 않게 된다.

이런 말이 다소 낭만적으로 들릴지도 모르겠다. 그러나 북극성이 10년, 1년, 1개월, 그리고 하루 단위의 모든 계획에 영향을 미치는 일종의 트리클 다운Trickle Down 효과를 발휘한다는 점을 고려하면 오히려 매우 현실적인 개념이라 해야 할 것이다.

북극성은 목적지가 아니라 길잡이다

• • •

내 지인이 사업이 어려워져 어쩔 수 없이 부친에게 도움을 청했다고 한다. 마흔 넘은 나이에 부모한테 손을 내밀려니 자기가 한없이 초라해 보였는데, 부친이 하시는 말씀을 듣고는 정신이 번쩍 났단다. "내가 왜 너를 도와주는지 아니? 마흔은 너무 어린 나이니까." 마흔이면 앞으로도 배우고 깨달을 시간이 많으니 그 기회를 주는 거라는 말씀이었다. 얼마 전 신문에 인간의 최대 수명이 130년 이상이 될 수도 있다는 기사가 실렸다. 이 결과대로라면 마흔 살은 앞으로 90년 이상은 더 배울 수 있는 나이다.

우리에게 주어진 삶이 점점 길어질수록 무언가를 빨리 이루기보다 시간을 들여서라도 옳은 방향을 찾는 일이 더 중요해진다. 북극성이 구체적인 목적지가 아니라 그저 방향이어야 하는 이유다. 에이브러햄 링컨Abraham Lincoln은 "만일 나무를 자르는 데 6시간이 주어진다면 나는 도끼를 가는 데 4시간을 쓸 것이다"라고 말했다. 북극성 정하기는 목적지를 향해 달려 나가기에 앞서 오랜 시간 숨을 고르면서 나 자신을 날카롭게 벼리는 일이다. 당장은 이미 출발한 사람들보다 뒤처져 초조할지 몰라도 결국은 북극성을 길잡이 삼아 방향을 잃지 않고, 잃더라도 금세 다시 길을 찾으며 꾸준히 오래 걸어갈 수 있다.

강연에서 학생들에게 장래에 어떤 사람이 되고 싶으냐고 물으면 대개 의사, 변호사, 부자, 유튜버, 아이돌 등 아주 구체적인 답변이 나온다. 그런데 만일 내가 원하는 직업이 미래에 사라진다거나 하는 이유로 그 직업에 종사하지 못하게 되면 어떻게 될까. 나의 미래 모습을 '달성하고 이뤄야 하는 구체적 직업'으로 한계를 지으면 오로지 성공 아니면 실패가 있을 뿐이다. 만일 운 좋게 의사나 유튜버 등이 되고 나면 그다음에는 또 어떻게 되는 걸까. 다른 목표를 설정하고 성공과 실패의 갈림길이 나올 때까지 또 달려가야 한다.

'의사가 되고 싶다'라는 꿈이 목표라면 '질병으로 고통받는 사람을 돕고 싶다'는 북극성이다. 이런 북극성을 품은 사람에게는 꿈을 이룰 방법이 오직 '의사' 하나만은 아니다. 의사가 되지 않아도, 또는 이미 의사가 되고서도 북극성은 영원히 빛나면서 이 사람의 인생 전체를 한 방향으로 이끈다. 그런 의미에서 북극성이 있는 사람에게 '실패를 딛고 일어서는 성공'이란 없다. 북극성을 향해 가는 기나긴 여정에서 때때로 조금씩 경로를 수정해야 하는 경우는 생겨도 애초에 실패라는 개념 자체가 없기 때문이다.

북극성은 너무도 까마득하지만, 그래서 절망감을 주는 것이 아니라 지향점이 있다는 안정감을 준다. "옳은 길을 걷고 있고, 계속 걷고자 한다면 결국은 발전하게 된다 If you're walking down the right path and you're willing to keep walking, eventually you'll make progress"라는 버락 오바마의 말처럼 결국 중요한 점은 북극성을 향하는 방향성과 그 의지다.

북극성이 밝게 빛나면 생기는 일

. . .

힙합 아티스트 박재범이 힙합 레이블 AMOG의 대표로 있던 시절, 그 회사 관계자분에게 들은 일화다. 그는 공연장에서든 파티에서든 훌륭한 퍼포머를 보면 그냥 지나치지 못하고 반드시 직접 다가가서 전화번호를 입수하는데, AMOG가 다양한 아티스트를 보유한 것도 이렇게 대표가 직접 아티스트 영입을 위해 발 벗고 나선 덕분이라는 것이다.

이 말을 듣고 유튜브로 검색해보니 박재범이 퍼포머에게 다가가 전화번호를 묻는 동영상이 꽤 많았다. 초면에 전화번호를 달라고 하는 건 박재범에게도 상당히 용기가 필요한 일인 듯 쭈뼛쭈뼛 다가가 잠시 뜸을 들인 후에 말을 거는데, 자신이 힙합 레이블 대표라거나 스타라는 권위 의식은 전혀 없어 보였다.

버락 오바마는 대통령 재임 시절, 정부 정책 홍보에 매우 적극적이었다. 한번은 부인인 미셸이 추진하는 아동 비만 퇴치 캠페인인 레츠 무브 Let's Move를 널리 알리기 위해 미셸과 함께 티키타카를 나누며 코믹 연기를 펼치기도 했다.

거울을 보며 얼굴을 찡그리고 혀를 내미는 등 대통령 체면 따위는 안중에도 없는 듯 열심이었다.

누군가에게 스스럼없이 다가가 전화번호를 교환하고, 세계에서 다 보는 영상에 출연해 코믹 연기를 펼치는 일이 이들에게 쉬웠을 리 없다. 박재범이나 오바마가 권위나 체면을 따지지 않고 거리낌 없이 이런 행동을 할 수 있었던 건 이들이 마음속에 북극성을 품고 있었기 때문이 아닐까. 훌륭한 아티스트를 발굴한다거나 국민 건강을 증진하고자 하는 북극성이 이들의 중심에 밝고 크게 자리하고 있었기에 권위나 체면, 쑥스러움이나 부끄러움이 그리 중요한 문제가 되지 않았을 것이다. 그리고 이런 부차적 요소를 기꺼이 무시함으로써 오히려 더 큰 자부심을 느낄 수 있었을 것이다.

박재범과 오바마를 언급한 뒤에 내 이야기를 하려니 상당히 민망하지만, 내게도 비슷한 경험이 있었다. 처음으로 세바시 무대에 서고는 일주일 동안 그야말로 '멘탈이 탈탈 털린다'는 말이 무슨 뜻인지 절감했다. 내 퍼포먼스에 대해 대면으로 피드백을 받은 적은 많아도 익명의 걸러지지 않는 평가를 듣는 경험은 처음이어서 상당히 당황스럽고 힘들었다. 호평 100개에 악담이 하나라도 강도가 세면 오직 그 하나만 머리에 남는다.

북극성이 명확하게 설정되어 있지 않으면 이런 부정적 경험이 다음 도전에 반드시 악영향을 미친다. 두려운 마음에 더는 도전하지 못하게 되는 것이다. 반면 내가 갈 방향을 정확히 알고 있는 사람은 길에 놓인 작은 돌멩이를 치우듯 부정적인 마음을 훌쩍 던져버릴 수 있다. 나 역시 내 북극성이 무엇인지 스스로 돌아보고 점검하면서 두려움을 쫓고 다음 강연에 도전할 수 있었다. 첫 강연에서 회복하기까지 일주일이 걸렸지만, 두 번째 강연에서는 사흘, 세 번째 강연에서는 하루면 충분했다.

북극성을 품은 이들은 자존감이 떨어져도 쉽게 회복하고, 회복 탄력성도 좋다. 실패를 실패로 받아들이는 대신에 옳은 방향으로 가고 있는지 나침반을 한 번 더 들여다보는 계기로 삼는다. 이것이 바로 오바마가 아무리 우습고 익살스러운 표정을 지어도 오바마라는 사람 자체가 우스워지지는 않는 이유일 것이다.

6개월 계획으로 북극성의 빛을 놓치지 않는 방법

• • •

북극성이 영영 도달할 수 없는 인생의 한 방향일지라도 그 빛을 따라가는 방법만은 구체적이어야 한다. 북극성에서부터 트리클 다운으로 내려오는 목표와 세부 성과를 논리적으로 일목요연하게 정리해야 일상에서 크고 작은 의사 결정을 할 때 작은 유혹이나 두려움에 흔들리지 않고 북극성이 가리키는 방향에서 벗어나지 않을 수 있다.

내가 세운 6개월 계획을 함께 보면서 더 구체적인 방법을 알아보자. 먼저 나의 북극성은 '좋은 사람이 되고 싶다'이다. 좋은 사람은 무엇인가? 이를 분해하면 '같이 무언가를 도모하고 싶은 사람', '같이 시간을 보내면 무언가 남는 사람', '같이 있으면 행복하고 즐거워지는 사람'이 된다. 그렇다면 나의 KPI(핵심성과지표)는 헤어질 때 "어, 벌써 시간이 이렇게 됐나?" 하는 진심에서 우러나온 말을 상대에게서 듣느냐, 못 듣느냐가 된다. 이는 내가 업무에도 적용하는 지표다. 우리 팀과 미팅을 마친 파트너사가 "어, 벌써 끝날 시간이 됐나요?"라고 반응하면 우리가 오늘 일을 제대로 잘했다는 뜻이다.

이런 말을 듣기 위해서는 재미뿐만 아니라 가치를 전달하는 사람이 되어야 한다. 잡학 박사처럼 정보만 옮기는 게 아니라 정보와 정보, 정보와 사람, 사람과 사람을 연결해 새로운 가치를 만들 수 있어야 한다. 그런 점에서 나는 네트워킹을 잘하려면 타인을 좇을 게 아니라 자신에게 매력적인 스토리텔링과 콘텐츠가 있는지부터 점검해야 한다고 본다.

목표를 얼마나 자주 세우고 검토할 것인가는 개인의 특성에 맞게 선택하면 된다. 내 경우를 예로 들면 '좋은 사람이 되고 싶다'라는 북극성에서 '재미와 가치를 전달하는 사람이 되어보자', '공부해서 남 주자' 등으로 차근차근 목표가 내려왔다. 이를 기반으로 6개월간 내가 어떤 목표를 달성할 수 있을지 계획을 세워봤다.

조용민의 작심 6개월 — 2021년 1월 1일부터 6월 30일까지

`Think`

결론을 내고 정반대로 개진해보기 6회

반대 의견을 끝까지 듣고 반론하지 않기 6회

잘못된 점이나 실패를 칭찬하기 24회

책 12권 훑어보기

살 빠졌다는 소리 4회 듣기

"요즘 운동하나 봐" 소리 4회 듣기

Communication

15분짜리 영어 클립 6개 외우기

칼라일 그룹 이규성 대표의 클립 미러링

기타

아너소사이어티 가입

업무에서 Karren 님에게 칭찬받기 6회
(칭찬의 기준이 높고, 진정으로 성장을 중요하게 생각하는 리더에게
칭찬을 받는 것이 중요)

대학생 멘티들 챙기기 12회

보다시피 여기에는 우리가 흔히 계획이라 부르는 세부

항목이 없다. 구체적인 실행 계획과 하루 루틴은 월·주·일 단위로 따로 정리하면 된다. 6개월 단위의 계획에서 가장 중요한 것은 세세한 실행 계획을 짜는 게 아니라 북극성에서 내려온 핵심 목표를 확인하는 일이다.

가령 내가 영어 클럽을 외우고, 이규성 대표를 미러링하는(이에 대해서는 뒤에 더 자세히 언급하겠다) 것은 영어를 잘하기 위함이 아니라 커뮤니케이션을 원활하게 하기 위해서다. 업무 특성상 글로벌 회의가 많기 때문에 일단 영어에 능숙해야 적확한 소통이 가능하다. 그런데 북극성의 트리클 다운을 염두에 두지 않고 계획을 세우면 무조건 '영어 공부' 항목을 만들고 세부 계획을 세우게 된다. 내가 영어를 왜 잘해야 하는가 하는 핵심 원인이 빠진 계획은 잘못된 방법론으로 빠지거나 작심삼일로 흐르기 쉽다.

같은 이유로 나의 6개월 건강 계획에는 '팔굽혀펴기 하루 30회' 같은 항목이 없다. 이것을 하루 루틴으로 잡는 것은 괜찮지만, 6개월 계획에 이런 항목이 들어가면 왜 운동해야 하는지를 망각하게 된다. 그러면 피곤하거나 바쁜 일이 생겨서 팔굽혀펴기 30회를 이틀 정도 걸렀을 때 계획을 지키지 못했다는 자괴감에 아예 계획 자체를 포기하게 될 수 있다. 그러나 6개월 계획에 내가 왜 운동하려 하는지를 명확하게 보여주는 지표가 들어가면 팔굽혀펴기를 며칠 못 했더라도 근본적으로는 아직 목표 달성에 실패한 것이 아니므로 '지금부터라도 실천하면 된다'는 원동력이 생긴다.

정리하면 6개월 단위의 계획은 '특정 목표를 성취하기 위한 높은 수준의 계획'이고, 월·주·일 단위의 계획은 그 하부 개념으로 '그 목표를 달성하기 위한 구체적 행동'이라 할 수 있다. 6개월 계획이 전략이라면 월·주·일 단위의 계획은 전술인 셈이다.

이런 방법을 잘 몰랐던 때에는 기껏 열심히 일주일 계획, 하루 계획을 세워놓고는 5일 후면 새카맣게 잊거나 포기하곤 했다. 의지박약인 자신을 탓하며 계획에 더 열심히 매달려봐도 피로도만 높아질 뿐 결과는 같았다.

직장 생활을 하면서 내가 가고자 하는 방향성을 잃지 않으려면 어떻게 해야 할까를 고민하다가 나온 아이디어가 '북극성'과 '트리클 다운'이다. 이런 방법으로 계획을 세운 이후로는 내 북극성을 매 순간 확인하면서 내가 이 일을 왜 하고자 했나를 점검하게 됐고, 그러다 보니 중간에 지치

거나 아예 포기하는 일이 많이 줄었다. 앞서 소개한 '고해
상도 자기 설명서'도 계획을 세우고 지키는 데 큰 도움이
됐다. 나 자신을 먼저 알아야 실행 가능한 계획을 세울 수
있다.

이렇게 세운 6개월 계획을 메일 예약 발송 기능을 이
용해 6개월 후의 나 자신에게 보내자. 지난 6개월을 점검하
고 앞으로의 6개월 계획을 세우는 데 도움이 될 것이다.

지금까지 6개월 계획을 효율적으로 세우고 실천하는
방법을 짚어봤다. 다음에는 단기 계획, 즉 하루 단위의 계획
을 세우는 법을 구체적으로 알아본다. 단기 계획에 북극성
의 방향성을 어떻게 녹여내느냐가 핵심이 될 것이다.

11

24시간을 언리시하는
3D 시간 관리법

10대와 20대들 사이에서 '갓생God生'이라는 말이 유행하고 있다. '끝내주게 멋진 인생'이라는 뜻이다. 처음 들었을 때는 한 번 사는 인생, 폼 나게 즐기며 살자는 뜻인가 했는데, 알고 보니 그 반대에 가까웠다. 하루하루 성실하게 계획을 실행하며 좋은 습관을 만들고 작은 성취감을 느끼는 삶이 요즘 젊은 세대의 '갓생'이란다.

갓생의 핵심 키워드는 '루틴'과 '소소함', 그리고 '공유'다. 일찍 일어나 하루를 시작하기, 하루 1만 보 걷기, 외출

전 이부자리 정리하기 등 작은 '루틴'을 실천하고, 이런 경험과 노하우를 SNS로 '공유'하며 '소소한' 행복을 느끼는 삶이 갓생이다. '세계는 넓고 할 일은 많다'던 기존 세대와는 삶의 기준 자체가 확연히 다른 셈이다.

갓생 열풍을 코로나19의 확산과 연결해 해석한 사람도 많다. 팬데믹 사태로 취업이든 학업이든 모든 일상이 한순간에 일시 정지 상태가 되자 무기력과 불안함을 느끼기 시작한 젊은 세대가 이를 해소하기 위해 나만의 기준과 질서를 찾고자 갓생 트렌드를 만들어냈다는 것이다.

갓생 전에는 '이생망(이번 생은 망했어)'이라는 유행어가 SNS를 도배했다. 이번 생에서 잘살기는 글렀다고 생각하느니 성실하게 루틴을 지키며 소소한 성취감을 느껴보자는 편이 훨씬 건전하다. 그런데 갓생을 살아보자는 의지가 소소한 재미를 넘어서 강박증이 되는 경우도 종종 있는 듯하다. 아침잠 많은 사람이 새벽 4시에 일어나 공부하는 유튜브 채널을 따라 하려다 매번 실패하고 좌절감을 느낀다면, 또 루틴을 지키는 데만 지나치게 몰입하여 정작 이 루틴이 왜 필요한가를 간과하거나 망각한다면 결코 바람직하다고 할 수 없을 것이다.

루틴은 목표 달성을 더 수월하게 하는 도구에 지나지 않는다. 따라서 루틴 자체가 나의 목표가 되어서는 안 된다. '나는 이렇게 열심히 산다'는 자기만족만 있을 뿐, 내게 아무런 변화도 일으키지 못한다면 그 루틴은 허울 좋은 장식품이다. 나의 북극성은 무엇인가, 나는 어떤 사람인가 하는 고민 없이 SNS나 유튜브에서 유행하는 루틴을 따라 하는 것은 진정한 갓생이 아닐 것이다.

'일시 정지' 상태였던 일상에 조만간 본격적인 '플레이' 버튼이 눌릴 것이다. 변화의 속도는 더 빨라질 테고, 언제나 그랬듯 우리에겐 시간이 없다. 지금 필요한 것은 자기만족에 지나지 않는 루틴이 아니라 실질적으로 나를 변화시킬, 효과적이고 강력한 시간 관리법이다.

이제 계획은 2D가 아니라 3D로 세워라

• • •

앞서 우리는 북극성에서부터 트리클 다운으로 내려온 목표 의식을 어떻게 6개월 계획에 녹여낼 수 있는가를 살펴봤다. 월이나 주 단위의 계획은 6개월 계획보다 훨씬 구체적이어야 하지만, 모든 의사 결정과 가치 판단의 기준이 북극성이어야 한다는 점은 같다. 여기서는 계획의 최소 단위인 하루 계획을 어떻게 세우고 실천할 것인가를 중점적으로 살펴보자.

하루 일정을 관리하는 보편적 방식은 타임테이블 timetable과 투두 리스트to-do list일 것이다. 둘 다 특정 시간 안에 완수할 목표를 명시한다는 점에서 시간을 평면적으로, 즉 2D로 관리하는 방식이라 할 수 있다. 이 방법도 성실히 수행하면 분명 목표를 달성하는 데 효과적일 것이다. 그러나 나는 여기서 한 걸음 더 나아가 시간을 입체적으로 다루는 '3D 시간 관리법'을 추천하고 싶다.

이 방법의 핵심은 하나의 미션에 할당한 시간을 입체적으로 활용하는 것이다. 가령 나는 출근이나 미팅을 위해 이동해야 할 때 시간표에 '이동'이라고 적지 않고, 비즈니스 영어에 도움이 될 만한 팟캐스트나 유튜브 채널의 이름을 기록해둔다. 시간표 한 칸에 해당하는 시간 동안 이동과 영어 학습이라는 두 가지 활동을 동시에 하기 위해서다.

사실 이 정도는 누구나 실천하는 일일지도 모른다. 요즘은 이동하는 동안 멍하니 창밖만 보거나 운전에만 전념

하는 사람이 오히려 드물다. 시간을 3D로 관리하라는 말은 이동 시간에 드라마 정주행이나 게임 말고 북극성의 방향성을 띤 생산적 활동을 하라는 뜻이기도 하지만, 이것만이 전부는 아니다. 나의 하루 일정을 담은 구글 캘린더를 가지고 더 자세하게 이야기를 나눠보자.

내 구글 캘린더도 언뜻 보기에는 여느 일정표와 다를 바 없는 전형적 2D 시간표다. 그러나 오른쪽에 달아놓은 다양한 색상의 라벨에 주목하면 이 시간표는 전혀 다르게 해석된다.

우선 오전 10시 팀 회의team discussion 일정을 살펴보면 'communication'이라고 적힌 빨간색 라벨이 달려 있다. 12시 15분 회사로 복귀하는 일정에는 보라색 'investment' 라벨이, 오후 5시 30분 파트너사 미팅 일정에는 녹색 'presentation' 라벨과 노란색 'trend' 라벨이 붙어 있다.

이 라벨들은 일정을 소화하는 동안 내가 달성할 목표를 의미한다. 그러니까 팀 회의를 할 때는 커뮤니케이션 능력 함양을 염두에 두고, 회사로 복귀하면서는 동영상 등을 시청하면서 업무 역량을 키우고, 파트너사 미팅에서는 프레젠테이션 능력을 키우면서 트렌드를 파악할 기회로 삼는 것이다. 하나의 활동에 이렇게 두세 가지 목적을 부여하면 그 시간을 훨씬 입체적으로 활용할 수 있다.

또한 최근에는 이동하는 시간을 파트너사나 에이전시의 담당자와 가벼운 전화 안부를 주고받으며 업계 동향을 파악하는 시간으로 활용하고 있다. 해외 팀원들과의 회의 시간에는 비즈니스 영어를 연습한다는 또 하나의 목적이 부여된다. 마찬가지로 운동을 할 때도 운동에만 목적을 두지 않는다. 나를 담당하는 트레이너는 IT 분야에 관심이 많은 분이라 대화를 나누다 보면 내가 오히려 새로운 인사이트를 얻는 경우가 많다. 이런 식으로 하나의 일정에 두세 개의 또 다른 목적을 부여하면 시간을 두세 배로 활용할 수 있다.

물론 특별히 의식하지 않아도 저절로 얻게 되는 수확은 언제나 있다. 가령 파트너사와 미팅을 하면 자연히 해당 업계에 대한 이런저런 정보를 입수하게 된다. 그런데 이렇게 우연히 다른 성과를 얻게 되는 것과 하나의 일정에 의식적으로 또 다른 목적을 부여하는 것은 효과 면에서 엄청난 차이가 있다. 파트너사와 만나는 시간에 '트렌드 파악하기'라는 목적을 심어두면 미팅 내내 더 많이 질문하고 더 깊이 듣게 된다. 반면 그저 미팅 시간으로만 여기면 우리가 트렌드를 더 잘 안다는 아집에 빠져서 해당 산업의 특수성을 간과하기 쉽다. 이렇듯 3D 시간 관리는 시간을 효율적으로 사용하게 할 뿐만 아니라 해당 일정을 더 깊이 소화하게 만든다.

3D 시간 관리가 굉장히 번거로워 보여도 실제로는 매일 아침 일정을 짜면서 라벨링만 해주면 되므로 그다지 어렵지 않다. 또 하나 중요한 점은 스케줄을 위클리로 점검했을 때 라벨 색상이 고르게 분포해야 한다는 것이다. 내가 4가지 라벨을 만들었다면 일주일 단위로 이 네 가지 목적 중 어느 하나에 치우침 없이 고루 달성되도록 계획을 짜야한다는 말이다. 라벨의 종류나 개수는 각자의 사정에 맞게 자유로이 정하면 된다.

'짬이 날 때마다'가 성공 비결이 될 수 있는 이유

• • •

강연하러 간 자리에서 래퍼 이영지 님을 자주 마주친 시기가 있었다. 무대 뒤에서 이영지 님의 퍼포먼스를 실제로 보면 정말 너무나 놀랍다. 출연자 대부분이 점잖은 분들이라 대기실이 대체로 정숙하고 엄숙한 분위기인데 나 혼자서 늘 흥을 주체하지 못하곤 했다. 이영지 님이 놀라운 건 겨우 일주일 만에 같은 노래를 다시 듣는데도 그새 실력이 눈에 띄게 좋아져 있었다는 사실이다. 한번은 이영지 님에게 "아니, 어떻게 볼 때마다 랩 실력이 늘어요?" 하고 물은 적이 있다. 이영지 님의 대답은 이랬다. "그게 제가 제일 듣고 싶은 말이에요. 그 말을 들으려고 짬이 날 때마다 연습하고 또 연습해요."

아티스트가 더 훌륭한 퍼포먼스를 하기 위해 연습하고 또 연습한다는 게 대단한 비결은 아닐 것이다. 그런데 나는 '짬이 날 때마다'라는 말이 인상적이었다. 나도 '짬'이라는 시간을 어떻게 보낼까에 대단히 관심이 많기 때문이다.

돌아보면 학창 시절에는 짬을 굉장히 요긴하게 썼다. 영어 단어 암기에는 시간을 따로 할애하지 않고 무조건 자투리 시간을 활용했다. 작은 수첩에 외워야 할 영어 단어를 빼곡하게 적어서는 수업 전후의 쉬는 시간, 화장실 가는 시간, 등하교 시간에 외우고 또 외웠다. 이렇게 짬이라는 시간을 활용해 어휘력을 늘린 덕을 지금 톡톡히 보고 있다. 지금 쓰는 영어 단어 대부분이 그 시절에 익힌 것들이다.

그런데 직장인이 되고 완벽주의 성향이 강해지면서 자투리 시간을 우습게 여기게 됐다. 몰입하기 충분한 시간을 확보해야만 일을 완벽하게 할 수 있다는 생각에 짬이 나도 일을 시작할 엄두를 못 냈다. 이렇게 자투리 시간을 폄훼하고 경시하는 습관이 생기자 급기야는 20~30분의 시간이 생겨도 멍하니 흘려보내는 일이 다반사였다. 지금 같은 시간 관리가 다시 몸에 붙기까지는 꽤 오랜 시간과 큰 노력을 들여야 했다.

짬을 제대로 활용하지 못하는 것은 그 중요성을 잘 몰라서이기도 하고, 방법을 모르기 때문이기도 하다. 나는 언제 어디서든 잠시의 짬만 나면 에어팟부터 찾는다. 3분 동안 들을 수 있는 유용한 유튜브 클립 목록이 이미 준비되어 있기 때문이다. 화장실에 다녀오거나 잠시 편의점에 가야 할 때 이 목록 하나를 재생하면 바로 그 순간부터 영어 공부가 시작된다.

이렇게 살면 숨 막히지 않느냐고 묻는 사람이 있다. 어떻게 1분 1초를 효율적으로만 쓸 수 있느냐는 것이다. 나도 그냥 흘려보내는 시간, 소위 '멍 때리는 시간'이 필요하다는 데 전적으로 동의한다.

　구글은 업무 강도가 상당히 세기 때문에 시간 관리를 잘하지 못하면 번아웃이 오기 쉽다. 그러지 않으려면 업무 시간에는 최대한 집중하고, 업무 외 시간에는 충분히 쉴 수 있어야 한다. 그런데 일을 하다 보면 충분히 쉰다는 게 말처럼 쉽지 않다. 업무는 시간 내에 끝낸다고 해도 업무 역량을 키우는 데 또 시간이 필요하기 때문이다. 바로 그 시간을 확보하기 위해 이렇게 열심히 짬 시간을 관리하는 것이다. 내게는 짬에서 승부를 보지 못하면 뒤처진다는 위기의식이 있다. 업무에서 내가 만족할 만한 퍼포먼스를 하고, 더불어 업무 역량도 내가 원하는 수준으로 계발하려면 1분 1초의 자투리 시간도 허투루 보낼 수가 없다. 3D 관리법으로 시간을 입체적으로 활용하는 이유도 그 때문이다.

　이렇게 철저하게 시간을 관리해야 멍 때리는 시간, 그냥 흘려보내는 시간도 생긴다. 앞서 소개한 내 구글 캘린더를 보면 회색 부분이 업무 외 시간이다. 여기에도 영어 공부를 하거나 책을 읽는 등 업무 역량을 강화하기 위한 일정이 있기는 하다. 그런데 오후 9시 30분부터 다음 날 오전 4시 56분까지는 일정이 전혀 없다. 주말에는 무조건 쉰다. 필요하면 주중에 반나절 정도 휴가를 낼 때도 있다. 이렇게 쉴 때는 이동 시간에 업무 관련 활동을 하지 않고, 순수하게 오락과 휴식만을 위해 음악을 듣고 동영상을 본다. 한마디로 업무 스위치를 완전히 꺼두는 것이다.

시간 관리에 소홀했던 시절에는 일하면서는 지겹고, 쉬면서는 불안했다. 아니, 대부분은 일하는 것도, 쉬는 것도 아닌 모호한 상태였다는 말이 적확하겠다. 하지만 시간 관리에 관심을 가지면서부터 업무 시간과 휴식 시간의 만족도가 동시에 높아졌다. 업무 집중도가 휴식 시간을 보장하고, 휴식 시간이 업무 집중도를 보장하는 선순환이 생긴 것이다. 시간 관리란 한순간의 성과나 효과를 위한 게 아니라 궁극적으로 '지속 가능함'을 위한 활동이다. 이를 떠올린다면 이런 선순환을 만드는 일이 얼마나 중요한지 실감하게 될 것이다.

공들인 계획은 실천하지 못해도 효과가 있다

• • •

크리스토퍼 콜럼버스Christopher Columbus의 목적지는 인도라고 알려졌지만, 사실 그가 가고자 한 땅은 대원제국, 즉 중국이었다고 한다. '인디아'란 오늘날의 인도가 아니라 아시아를 가리키는 말이었다는 것이다. 그는 날씨만 도와준다면 인디아까지 며칠 만에 닿을 수 있다고 확신했다. 만일 이것이 계산 착오였다는 사실을 미리 알았다면 그처럼 무모한 도전은 불가능했을 것이다.

우리도 일상에서 "이렇게 힘든 줄 몰랐으니까 했지, 알면 못 했어"라는 말을 종종 한다. 착각이든 아니든 작은 목표는 동기부여가 잘되기 때문에 좋은 성과를 내기 쉽다. 북극성은 까마득해도 거기까지 가는 방법론만은 허들이 낮아야 하는 이유다.

내가 앞서 소개한 3D 시간 관리법이 보기만 해도 부담스럽고 버겁다면 계획은 완벽하게 짜두되 실천은 유연하게 하라고 권하고 싶다. 5일 내내 이 일정을 지킬 필요는 없다. 계획한 일정에서 30퍼센트만 실행해도 괜찮다. 가장 중요한 한두 가지만 실천하고 나머지는 '할 수 있으면 하고, 못 하면 말고' 하는 마음이어도 된다.

이렇게 기준을 낮추면 너무 해이해질 텐데 계획을 세우는 의미가 없지 않냐고 할 수도 있다. 그러나 '30퍼센트만 완수하자'라는 생각이 '완벽하게 하지 못할 바에야 아무것도 하지 말자'보다 훨씬 낫다. 작심삼일도 100번 하면 1년을 채울 수 있다. 나도 계획을 지키려고 노력할 뿐이지 다 지키지는 못한다. 작심삼일, 많이 노력하면 작심오일로 근근이 1년을 버틴다.

"Plans are worthless. But Planning is everything." 드와이트 아이젠하워Dwight Eisenhower 대통령이 한 말로, 우리 회사의 화장실 문에 붙어 있는 문장이다. 계획 자체는 가치가 없을지 몰라도 계획하는 행위는 중요하다는 뜻이다. 30퍼센트만 실천할 수 있을지라도 계획만큼은 반드시 공들여 세워야 한다. 계획을 세심하게 짠다는 것은 나의 지향점인 북극성이 어디에 있는지 확인하고, 내가 지금 어디쯤 와 있는지 점검한다는 뜻이다. 이것을 게을리하면 순간순간 급하게 처리할 일, 중요하지는 않은데 압박감이 심한 일에 시간을 빼앗겨 정작 내 인생에 꼭 필요하고 중요한 일은 하지 못하게 된다.

12

유능한 사람들은
어떻게 들을까?

카이스트 정재승 교수님과 식사를 하다가 들은 이야기다. 교수님의 초등학생 아이가 수학 시험에서 두세 문제를 아예 풀지 않아서 100점을 못 받았다고 한다. 아이에게 문제를 왜 안 풀었냐고 물으니 시간이 부족했다고 대답하길래 앞으로는 시간 안에 문제 푸는 연습을 하라고 말씀하셨단다. 그러자 아이의 반응이 걸작이었다. "꼭 시간 안에 다 풀어야 해?"

아이의 천연덕스러운 물음에 정재승 교수님은 많은 생

각이 들었다고 했다. 그 이야기를 전해 들은 나 역시 그랬다. 인생에서 정말로 중요한 문제에는 시간제한이 없다. 우리가 살아 있는 한 끊임없이 고민하고 또 고민해야 한다. 그보다 덜 중요한 문제도 시험에서처럼 촌각을 다퉈 해결해야 하는 경우는 거의 없다. 연산은 어차피 컴퓨터가 더 잘할 테니 아이들은 그런 도구를 잘 쓸 수 있는 창의력을 키우면 될 텐데, 어쩌자고 정해진 시간 안에 문제 풀이만 반복해서 시키는 것인지 어른으로서 부끄럽고 미안한 마음도 들었다.

순식간에 많은 생각을 하게 한 아이도 대단하지만, 사실 그런 대화가 자유로이 오가는 환경을 조성한 정재승 교수님에게 더 감탄했다. 보통 가정 같았으면 제시간에 문제를 다 풀어야 한다는 건 너무나 당연한 상식이고 되물을 일이 아니라는 암묵적 분위기가 이미 조성됐을 가능성이 크다. 그러나 교수님은 아마도 아이가 무슨 말을 하든 귀 기울여 들어주고 수용하는 태도를 보여주셨을 것이다. '이렇게 말하면 엄마, 아빠한테 야단맞는 게 아닐까?' 하고 자기 검열을 하지 않는 아이만이 이렇게 자유로운 발상을 할 수 있다.

백화점 문을 막 밀고 들어가려는데 바로 뒤에 사람이 있다면 대부분은 문을 잡은 채로 기다려줄 것이다. 그런데 사람이 바로 뒤에 오지 않고 1미터 뒤에 있다면 어떨까, 또는 2미터 뒤에 있다면? 한 강연에서 이런 상황이라면 뒷사람을 얼마나 기다려줄 것인가 질문을 던진 적이 있다. 그랬더니 청중 대부분이 1~2미터 정도까지는 문을 잡고 기다려주겠다고 했다. 3~4미터를 기다리겠냐는 질문에는 절반 정도만 손을 들었고, 5~6미터에 이르자 손을 드는 사람이 거의 없었다. 그런데 만일 뒤에 오는 사람이 휠체어를 탔거나, 유모차를 끌고 있거나, 무거운 짐을 가득 들었다면 어떨까? 이런 상황에서도 뒷사람과의 거리가 1미터인지 6미터인지가 의미가 있을까?

우리가 직장이나 일상에서 마주하는 수많은 문제도 이와 같다. 가장 근본적인 핵심을 놓치면 옆 사람 다리 긁는 격의 변죽만 울리는 해결 방안밖에 끌어내지 못한다. 한 걸음 물러서서 내가 지금 이 문제를 왜 풀어야 하나, 이 문제의 핵심이 무얼까, 이런 본질적 질문을 나 자신에게 던질 수 있어야 제대로 된 해결 방안도 도출할 수 있다.

그러려면 '모든 의견이 가치가 있다 Every opinion matters'는 분위기가 집단 내에 단단히 자리 잡아야 한다. '풀라는 문제는 안 풀고 왜 그런 쓸데없는 의문을 품냐'는 질타를 받지 않는다는 보장이 있어야 그 집단의 창의력 수준도 높아진다.

나도 최대한 편견 없이 팀원분들의 모든 의견을 받아들이기 위해 늘 노력한다. 회의 때 새로운 의견이 잘 나오지 않으면 일부러 엉뚱한 견해를 내놓기도 한다. 그러면 다들 한바탕 웃고는 그제야 자기 생각을 활발하게 꺼내놓기 시작한다. '그래도 용민 님의 의견보다는 내 것이 낫지' 하는 용기가 생기는 것이다. 팀장이 회의에서 엉뚱한 소리를 한두 번 한다고 해서 그를 바보로 아는 팀원은 없을 텐데, 의외로 이런 역할을 맡으려는 리더는 많지 않다.

구글에는 '예스 앤드YES, AND'라는 원칙이 있다. 상대가 아무리 황당한 말을 해도 반박하지 않고 무조건 "맞습니다"라고 인정한 뒤에 자기 의견을 개진해야 한다. 가령 누군가가 해는 서쪽에서 뜬다고 말하면 "맞습니다. 그리고 해는 동쪽에서 뜹니다"라고 말하는 식이다. 그러다 보면 회의가 순식간에 영화 〈덤 앤 더머Dumb & Dumber〉의 한 장면처럼 되어버리곤 한다.

이런 회의 방식을 시간 낭비라 생각하기 쉽지만, 실제로는 그렇지 않다. 회의 초반에는 아무도 의견을 내지 않는 이유가 무엇일까? 초반에 내는 의견은 다듬어지지 않은 만큼 반박당할 위험이 크기 때문이다. 그러나 구글 직원들은 회의 초반에도 망설임 없이 의견을 쏟아낸다. 어리석고 설익은 생각이라며 비난받기는커녕 무조건 "맞습니다"라고 인정받기 때문이다.

축구에서 결정골을 터뜨리려면 사소해 보이는 패스로 차근차근 빌드업 과정을 쌓아야 하듯, 회의에서 가장 좋은 의견을 도출하려면 회의 초반에 다양한 의견이 개진되고 그 의견들에 살이 붙거나 다른 방향으로 새로이 가지를 뻗어가야 한다. 이런 과정을 거쳐 최고의 의견을 빠르고 효율적으로 도출하는 방법이 바로 구글의 예스 앤드 원칙인 것이다.

이런 회의가 가능해지려면 모든 참석자, 특히 리더가 앞서 나온 의견을 부정적으로 평가하거나 자기 생각과는 다르다고 선을 그어서는 안 된다. 정답이 아니라고 해서 무조건 오답인 것은 아니다. '잘못된 의견'이 아니라 '새로운 의견'이라는 포용력을 지닌 집단만이 틀에 박힌 사고에서

벗어나 전에 없던 방식으로 문제를 해결하는 게임 체인저
game changer 가 될 수 있다.

내가 만난 모든 성공한 사람의 공통점

• • •

IBM에서 삼성으로 이직한 지 얼마 안 됐을 때의 일이
다. 하루는 신광섭 그룹장님이 나를 부르시더니 IBM에서
어떤 방식으로 일했느냐고 물으셨다. 대단한 것을 요구하
는 게 아니라 그저 일상적인 업무가 어떻게 이루어지는지,
기업 분위기는 어떤지 떠오르는 대로 편하게 들려달라고
하셨다. 그래서 정말로 머릿속에 떠오르는 걸 두서없이 말
씀드렸다. 그룹장님은 간간이 고개를 끄덕이고 메모를 하
시면서 내 이야기를 끝까지 귀 기울여 들으셨다. 그러더니
내 이야기가 끝나자마자 자신이 메모한 내용을 내게 보여
주셨다. 거기에는 삼성이 IBM을 어떻게 벤치마킹할 것인
가에 관한 아이디어가 빼곡히 적혀 있었다.

기업은 대부분 경력 직원을 선호하지만, 선발 이후로
는 그가 어떤 경력의 소유자든 새 직장에 완벽하게 어우러

지길 바란다. 새로 들어온 직원의 개성과 특성을 자신들을 쇄신하는 데 활용하려 하지 않고 그가 자신들과 같아지기를 요구하는 것이다. 기업들이 수억 원의 컨설팅 비용을 들이고도 조직을 혁신하지 못하는 근본 원인이 어쩌면 여기에 있을지도 모르겠다.

반면 신광섭 그룹장님은 직원 각자의 개성과 특성을 존중하고 그들에게서 인사이트를 끌어내기 위해 최대한 귀를 기울였다. 자신보다 경험이 적은 직원의 말이라고 무시하거나 사소하게 넘기지 않았다. 직원들이 자유로이 의견을 개진할 수 있는 분위기를 조성했고, 그렇게 나온 의견을 실무에 반영했다. 누구에게라도 배운다는 겸손한 자세로 자신을 혁신하고 언리시할 줄 아는 분이었다. 그룹장님을 포함해 내가 이제껏 만난 모든 유능한 분의 공통점이 바로 이것이다.

대기업 회장쯤 되면 아랫사람의 의견에 아랑곳하지 않고 강력한 카리스마를 뿜어댈 것 같지만, 내가 실제로 뵌 분들은 대개 그런 이미지와는 거리가 멀었다. 발언 점유율이 높지 않고, 주로 상대방의 의견을 듣는 편이었는데, 그냥 듣는 게 아니라 고개를 계속 끄덕이고 메모를 하는 등 적극적인 경청의 태도를 보여주었다. 한번은 한 의과대학 초청으로 뇌신경학 교수님들을 대상으로 인공지능과 관련한 강연을 했는데, 마치 수험생처럼 열중해 경청하시는 교수님들의 모습이 무척 인상적이었다.

더닝 크루거 효과Dunning Kruger effect라는 심리학 용어가 있다. 무능한 사람은 자기 무능함이 초래한 문제를 깨닫지 못해 자기 실력을 과대평가하고 우월감을 가지기 쉽지만, 유능한 사람은 오히려 자신을 과소평가하는 경우가 많다는 것이다. 팀원을 선발하기 위한 인터뷰에서 이 더닝 크루거 효과를 실감하는 경우가 종종 있다. 학벌이 좋고 이력도 화려하다는 이유로 나 정도면 충분할 거라고 자신하는 지원자가 생각보다 많다. 이런 분들은 면접 문제조차 제대로 들으려 하지 않거나, 문제를 논리적으로 분해하는 대신 자신의 컴퍼트 존comfort zone으로 옮겨 와서 제멋대로 해석하는 우를 범한다.

감히 단언하건대 나는 유능하지만 겸손하지 않은 사람을 단 한 명도 보지 못했다. 존경하는 리더인 구글의 샹카르Shan kar는 늘 부족하다고 생각하는 'scarcity leadership'을 강조한다. 이처럼 유능한 사람은 자신이 늘 부족하다고 생각하기 때문에 기본적으로 경청하는 자세가 몸에 배어 있다. 그 결과 더 유능해지고, 더 유능한 사람들을 만날 기회를 잡는다. 그러면 더 겸손해져 경청하게 되고, 그 결과 더 유능해지는 선순환이 만들어진다. 그렇다면 거꾸로 경청하지 않는 사람은 유능하지도 않을 거라는 추론도 가능해진다.

누구를 만나든 자기 부족함을 채워줄 귀인으로 대접하고 그의 의견에 귀 기울이는 사람, 그렇게 끊임없이 배우고 자신을 변화시키려는 사람, 경청을 통해 주변 모두를 나의 무기로 삼을 줄 아는 사람, 이들이야말로 내가 정말로 닮고 싶은 사람들이다.

경청은 호응하고 질문하고 고민하는 태도다

• • •

그렇다면 경청을 잘하려면 어떻게 해야 할까? 첫째, 적극적으로 해석하면서 들어야 한다. 경청하지 못하는 사람들의 특징은 무슨 말을 들어도 이미 다 아는 이야기라고 단정한다는 것이다. 이미 아는 이야기인지 아닌지는 일단 유심히 들어봐야 안다. 설령 정말로 아는 이야기라도 누가 하느냐에 따라 얼마든지 달리 들릴 수 있다. 내 경우에는 같은 과정을 겪어온 나의 입장에서 익숙한 이야기를 팀원분들이 할 때면 내가 다 아는 상황과 맥락은 아닐 거라고 되뇌면서 끊임없이 언런과 리런을 하려 노력한다. 그러면 재미있는 포인트가 생기고 나도 모르는 사이에 경청하게 된다.

경청을 잘하는 두 번째 방법은 적극적으로 이야기를 끌어내며 듣는 것이다. 비대면 회의에서 간혹 자기 쪽 카메라를 꺼두는 사람이 있다. 이런 경우에는 목소리는 들려도 상대방의 감정 단서가 거의 없어서 PT를 진행하기가 정말로 어려워진다. 청자의 반응이 화자에게 미치는 영향이 이처럼 크다는 것은 다시 말해 적극적으로 호응하면 상대방의 이야기를 더 많이, 잘 끌어낼 수 있다는 말과도 같다.

앞서 말한 대로 고개를 끄덕이며 호응한다거나 메모를 하는 등 적극적으로 듣고 있다는 신호를 보내면 상대방의 퍼포먼스도 덩달아 좋아진다. 강연에서 청중의 반응이 좋으면 강연자가 더 많은 에너지를 낼 수 있는 것과 같은 이치다. 지금 100만큼 집중하고 있다면 200, 300까지 집중하라고 강조하고 싶다.

상대방에게서 이야기를 끌어내는 더 좋은 방법은 똑똑한 질문을 던지는 것이다. 모임이나 회의에 참석할 때마다 내가 마음속으로 되뇌는 말이 있다. "여기에서 가장 어리석은 사람이 되자. 그러나 가장 똑똑한 질문을 던지는 사람이 되자." '똑똑한 질문'을 하려면 먼저 어리석은 사람이 되어야 한다. 상대방의 이야기가 매우 흥미롭고 배울 점이 많다는 자세로 들어야만 똑똑한 질문도 할 수 있다. 내가 이런 태도를 견지하면 나의 발언 점유율은 낮아지지만, 상대방의 퍼포먼스는 한결 좋아진다.

한때 방탄소년단의 보컬 트레이너 선생님에게 노래를 배운 적이 있다. 이왕 시작했으니 열심히 배우고 싶어서 내가 수업에서 얻고자 하는 바를 미리 정리해 갔다. 가령 저음에서의 음정 불안정을 교정하고 싶다거나 하는 세세한 내용이었다.

그런데 첫 수업을 마치고서 트레이너 선생님이 내 질문 덕분에 수업 내용이 한결 풍부해졌다는 피드백을 주셨다. 대부분은 아무런 준비 없이 '유명한 보컬 트레이너이니 어디 얼마나 잘 가르치나 보자' 하는 태도로 수업에 들어온다는 것이다. 이럴 때는 아무리 경험 많은 선생님이라도 일단은 노래 한 곡 불러보시라는 말로 수업을 시작하는 수밖에 없다. 하지만 내 경우처럼 처음부터 트레이너 선생님에게 요구하는 바와 수업을 통해 얻고자 하는 바를 명확하게 밝히면 수업 진행이 훨씬 수월해진다고 한다. 수강생이 자기 역량과 맞지 않는 요구를 할 때도 있고, 초보자인 만큼 질문 방향이 잘못된 경우도 많지만, 목표와 질문을 왜 수정해야 하는지 설명하는 과정 자체도 훌륭한 레슨이 된다는 것이다.

언뜻 생각하면 경청은 소극적인 행위 같지만, 사실은 호응하고 질문하고 함께 고민하는 적극적 행위이자 치열한 사고의 과정이다. 아무리 위대한 멘토나 구루 guru를 만나 대화를 나눠도 이런 과정을 거치지 않으면 아무것도 남지 않고, 무엇도 달라지지 않는다.

내가 경청하는 사람인지 확인하고 싶다면

• • •

드라마 〈품위 있는 그녀〉, 〈마인〉 등을 집필한 백미경 작가가 한 예능 프로그램에 나와서 흥미로운 이야기를 들려주었다. 자신은 정말 재미있다고 생각하며 쓴 대본을 보조 작가가 혹평하면 상처는 받지만 그 말을 받아들여 처음부터 다시 쓴다고 했다. 그러면서 "어느 시점이 되면 작가의 대본에 대해 아무도 함부로 이야기 못 하는 순간이 온다. 그때가 작가가 실패하는 때다"라고 덧붙였다. 아무에게도 피드백을 받지 못하는 것을 실패의 신호로 받아들인다는 통찰이 무척 인상적이었다.

젊을 때는 피드백을 받기도 쉽고, 피드백을 경청하거나 수용하기도 어렵지 않다. 그러나 어느 정도 나이가 들고 지위가 높아지면 타인의 피드백이 슬슬 거슬리기 시작한다. 그렇게 피드백에 귀 기울이지 않는 완고한 사람이 되면 내게 피드백을 주고자 하는 사람도 갈수록 줄어든다.

과연 나는 타인에게서 얼마나 많은 피드백을 받고 있나 한번 돌아보자. 막연히 반성해보자는 이야기가 아니라 이번 달, 짧게는 이번 주에 피드백을 얼마나 받았는지 구체적으로 정량화해보자는 말이다. 만일 피드백 개수가 점점 줄고 있다면 내가 잘하고 있다는 신호가 아니라 백미경 작가의 말대로 실패하고 있다는 신호일 수 있다. 내가 귀 기울여 듣지도 않고 개선할 의지도 없는데 계속 피드백을 줄 사람은 세상 어디에도 없다.

얼마 전 팀원 한 분이 내가 준비한 자료를 보고는 "대체 무슨 말인지 알아들을 수가 없다. 이렇게 준비가 덜 된 자료는 흐름부터 다시 고쳐야 할 것 같다"라는 피드백을 주었다. 이런 혹독한 평가를 듣고도 속이 쓰리지 않았다면 거짓말일 것이다. 그러나 리더로서 내가 모든 피드백을 겸허히 수용하고 받아들이는 태도를 보여주었기에 이런 피드백도 받을 수 있었으리라 생각하니 한편으로는 뿌듯하고 자랑스러웠다. 아직까지는 내게 피드백을 줄 사람이 있으며, 내가 그 피드백을 받아들일 수 있다는 사실에 안도감이 들기도 했다.

흔히 나이가 들면 입은 다물고 지갑은 열라고 한다. 하지만 단순히 말수를 줄이는 것만이 능사는 아니다. 함부로 말하지 않으려고 조심하면 위축되기 마련이며, 이를 발전이라고는 말할 수 없다. 중요한 점은 내가 무엇을 이루고 어디에 와 있는지와 상관없이 성장 마인드셋을 유지해야 한다는 것이다. 그러려면 단순히 말수만 줄일 게 아니라 타인의 의견을 적극적으로 경청하고, 타인의 피드백을 겸허히 받아들여 자신을 더 성장시키려는 태도가 필요하다.

13

최고의 대답을 끌어내려면
최고의 질문을 던져라

"눈이 녹으면 어떻게 될까요?"

만일 이 질문을 부드러운 재즈 선율이 흐르는 레스토 랑에서 촛불을 사이에 두고 듣는다면 당신은 어떤 대답을 할까? 같은 질문을 이과 강의실 책상에서 듣는다면 또 어떤 대답을 할까? 후자라면 당연히 "물이 됩니다"라는 대답 이 나올 것이다. 그러나 전자에서는 아무리 무뚝뚝한 사람 이라도 감성적인 대답을 할 가능성이 크다. "눈이 녹으면 봄이 오려나요?" "눈이 녹으면 연인과 산책을 하지요." 우리 팀원분들에게 테스트한 결과, 이보다 더 오글거리는 답변이 여럿 나왔지만 이쯤에서 생략하기로 한다.

같은 문장일지라도 문맥에 따라 다르게 해석되듯이 같은 질문도 어떤 상황에서 누가 하느냐에 따라 전혀 다른 답변이 도출된다. 만일 내가 누군가로부터 제대로 된 답변을 듣지 못했다면 그것은 상대방이 아니라 내 탓일 수 있다는 말이다.

'제대로 된 답변'이란 두 가지로 해석할 수 있다. 첫째는 내가 원하는, 미리 세팅해놓은 답변이다. 상사나 광고주에게 최종 승인을 받을 때, 연인에게 청혼할 때는 이런 답변을 기대할 것이다. 둘째는 누군가를 인터뷰할 때, 멘티가 멘토에게 질문을 할 때, 상사가 부하 직원에게 업무 보고를 받을 때 주로 듣고자 하는, 풍부한 인사이트나 정확한 정보가 담긴 답변이다.

이 둘 중에서 내가 상대방에게서 얻고자 하는 바가 무엇인지 잘 생각해보고 가장 효과적인 질문을 던져야 제대로 된 답변을 얻어낼 수 있다.

내가 원하는 답변을 들으려면
질문을 정교하게 디자인하라

• • •

내가 팀원분들에게 파트너사와의 미팅은 이 정도의 수준으로 준비해야 한다며 그 사례로 보여주는 클립이 있다. 영화 〈포커스Focus〉에서 주인공이 내기라면 물불을 안 가리는 소문난 도박꾼을 속여 넘겨 200만 달러를 벌어들이는 장면이다.

풋볼 경기장에서 도박꾼에게 접근한 주인공은 도박꾼이 망원경으로 선수 등번호 하나를 고르면 자신이 그 번호를 맞히겠다고 호언장담한다. 도박꾼은 55를 고른다. 그는 자신이 자발적으로 이 번호를 선택한 줄 알지만, 사실은 주인공이 며칠 전부터 도박꾼이 가는 길목마다 55라는 숫자가 노출되도록 정교하게 세팅해놓은 결과다. 심지어 도박꾼이 머무는 공간에 '우우우우(55가 중국어 발음으로는 '우'다)'라는 후렴구가 있는 곡을 반복해 틀어놓기까지 한다. 자신이 원하는 답변을 듣기 위해 이 정도로 공을 들이면 실패할 가능성은 거의 없을 것이다.

만일 어떤 광고팀이 광고에 사용할 음악을 광고주에게

승인받아야 한다고 하자. 형식상 광고주에게는 A, B, C 세 곡을 들려주겠지만, 광고팀에서는 저작권 이슈나 사용료, 광고 완성도 등 여러 이유로 광고주가 C라는 곡을 선택하길 바라고 있다. 이런 상황에서 광고주가 C를 선택하게 하려면, 즉 상대방에게서 내가 원하는 답변을 도출하려면 질문을 어떻게 디자인해야 할까? A와 B를 들을 때는 다들 가만히 있다가 C가 플레이되자마자 갑자기 광고주 맞은편에 있던 한 직원이 가볍게 리듬을 타기 시작한다면? 그런데 그 직원이 광고 타깃층에 가까운 연령대에 소위 '힙'한 차림새를 하고 있다면? 아마도 광고주는 높은 확률로 C를 선택할 테고, 〈포커스〉의 도박꾼처럼 이를 순전히 자기 선택이었다고 확신할 것이다.

윤태호 작가의 『미생』 86수 에피소드에는 주인공 장그래 팀이 임원진 PT를 준비하는 모습이 그려진다. 발표자의 복장에 신경을 쓰고 보고서의 폰트를 보기 좋게 설정하는 건 기본 중의 기본이다. 회의 테이블에 올릴 음료와 사탕은 임원들의 취향을 반영해 고르고, 트레이와 펜의 위치도 세심하게 조절해둔다. 화상회의라면 회사 로고가 잘 보이도록 화면 위치를 조정해야 한다. 만일 임원 하나가 "오늘 사탕은 좀 달다?" 하고 한마디 던진다면 뭔가 잘못 돌아가고 있다는 뜻이다. 이들의 목표는 '안건 말고 아무것도 기억에 남지 않을 정도로 준비'하는 것이기 때문이다. 이런 모든 과정은 임원진 승인이라는 답변을 끌어내기 위한 일이다. 이에 대해 윤태호 작가는 "임원진 모두가 회의의 핵심 외에는 신경 쓰지 않도록 하는 배려이자 꼭 통과시켜야 한다는 염원"이라고 표현한다.

일을 하다 보면 '우리는 최선을 다했으니 나머지는 운에 맡겨보자'는 마음이 들 때가 있다. 최종 선택은 어차피 상대방의 몫이니 더는 할 일이 없다고 생각하는 것이다. 그러나 나는 '진인사대천명盡人事待天命'이나 '상대방이 우리 바람과 다른 선택을 하는 것은 어쩔 수 없이 감당해야 할 리스크'라는 말에 동의하지 않는다. 사람이란 비이성적인 존재라서 회의 테이블에 놓인 사탕 하나로 결정을 바꾸기도 한다. 우리가 원하는 답을 끌어낼 기회는 반드시 있다. 상대방의 선택에만 의존할 게 아니라 우리 노력으로 그 선택을 바꾸리라는 태도를 견지해야 하는 이유다.

정확한 정보를 끌어내려면
사용자 친화적 질문을 던져라

• • •

이번에는 풍부한 인사이트와 정확한 정보를 담은 답변을 들으려면 어떻게 질문해야 할지 생각해보자. 내가 언제 어디서나 늘 강조하는 것이 '사용자 친화적인 태도'다. 내가 상대방을 얼마만큼 배려해 질문하느냐가 답변의 질을 결정한다. 상대방의 답변이 미흡했다면 그 원인이 나에게 있지는 않은지 점검할 필요가 있다는 말이다. 상대방이 내 질문을 다르게 받아들일 가능성을 늘 염두에 두고서 이해하기 쉽고 핵심이 명확하게 드러나도록 질문해야 한다.

요즘 애자일agile 조직을 도입하는 기업이 많다. '애자일'을 정해진 방식에 구애받지 않고 유연하고 민첩하게 일하는 방식이라고 정의한다면, 성공 여부는 그 조직의 의사소통이 얼마나 원활한가에 달려 있다고 해도 과언이 아닐 것이다. 리더가 번번이 부하 직원에게 "내가 말한 건 이게 아니잖아"라고 화를 내야 한다면 그 조직은 결코 애자일하다고 할 수 없을 것이다.

명료한 의사소통이 창의적인 결과물을 내는 데 방해가

된다고 생각하는 사람들도 간혹 있다. 그러나 '창의적인 결과물'과 '엉뚱한 결과물'은 분명히 다르다. 엉뚱한 결과물이 나오지 않게 하려면 사용자 친화적인 관점으로 이해하기 쉽고 명료하게 의사소통할 수 있어야 한다.

나는 프로젝트를 시작할 때마다 팀원분들과 '우리가 왜 이 일을 해야 할까'에 대해 오래 이야기를 나눈다. 모든 조직원과 비전을 공유하고 각자의 일이 프로젝트와 어떻게 연결되는지 이해시키려면 상당히 많은 시간과 공을 들여야 한다. 그런데 프로젝트 초반에 이런 기반을 다져놓으면 기대보다 창의적인 결과물이 훨씬 빠른 속도로 창출된다. 애자일 조직에서 커뮤니케이션 비용을 줄인다는 의미가 바로 이것이다. 초반에 조직원들끼리 충분한 의사소통을 나누면 중후반부터는 소통 속도가 한결 빨라지는 건 물론이고, 잘못된 의사 전달로 시간과 에너지를 허비할 위험도 사라진다.

'상부에서 결정했으니 우리는 따른다'라는 수직적 의사소통이 일의 효율과 속도를 높일 것 같지만, 이는 착시 효과에 불과하다. 만일 어떤 조직에 스티브 잡스 같은 천재적 리더가 있고, 그가 쉬지도 아프지도 죽지도 퇴직하지도 않고 일한다면 이런 방식의 의사소통으로도 좋은 성과를 낼 수 있을 것이다. 그러나 현실적인 리더와 팀원이 있는 조직에서 소위 '시키는 대로 하라'는 의사소통 방식을 고수하면 그 한계는 너무나 명백하다.

14

당당하게 훔치되
널리 공유하라

투자에 관심이 있는 사람이라면 차마트 팔리하피티야 Chamath Palihapitiya라는 이름을 들어봤을 것이다. 그는 '흙수저 성공 신화'의 주인공이자 '차세대 워런 버핏Warren Buffett'으로 불리는 페이스북 부사장 출신의 벤처투자자다. 스리랑카에 서 태어나 내전을 피해 캐나다로 이민한 그는 가난과 인종 차별을 딛고 자신이 성공할 수 있었던 이유로 '모방'을 꼽 는다. 머리 좋고 일 잘하는 사람의 말과 행동을 무조건 따 라 한 것이 성공의 비결이었다는 말이다.

그는 성공한 사람들이 어떻게 현명한 판단을 내리고 좋은 성과를 거두는지 그 원리를 알지 못할지라도 일단 그들의 말과 행동을 따라 하다 보면 그들의 사고 체계까지 따라잡게 된다고 확언한다. 그들처럼 말하고 행동하며 더 나아가 그들과 같은 방식으로 사고하게 될 때까지 모방하고 또 모방하라는 것이다. 이는 절대 어려운 일이 아니며, 무엇보다 확실한 성공 공식이라는 것이 그의 주장이다.

즐거워서 웃는 것이 아니라 웃으면 즐거워진다는 말이 있다. 한 실험에서 참가자들을 둘로 나누어 같은 만화책을 보게 하되, 한 그룹은 볼펜을 치아로 물게 하고, 다른 한 그룹은 입술로 물게 했다.

이들에게 만화책을 평가하게 했더니 전자가 후자보다 만화책이 더 재미있었다고 답했다. 전자는 얼굴근육을 움직여 웃을 수 있었고, 후자는 그럴 수 없었기 때문이다. 즉 감정 상태가 신체 표현에 영향을 주듯 신체 표현도 감정 상태에 영향을 준다는 것이다.

이런 과학적 가설에 기반해 러시아의 프세볼로트 메예르홀트 Vsevolod Meyerhold라는 연극 연출가는 '생체역학'이라는 연기 이론을 주창했다. 연기자가 캐릭터의 심리에 깊이 몰입해 이를 신체로 표현하는 것이 아니라 캐릭터의 표정, 몸짓, 손짓 등을 완벽하게 표현함으로써 캐릭터의 내면에 다가갈 수 있다는 것이다.

메예르홀트의 이 이론은 팔리하피티야의 성공 비결과 맞닿는 면이 있다. 만일 우리가 누군가의 말과 행동을 완벽하게 모방할 수 있으면 그 가치관이나 사고 체계도 내재화할 수 있을 것이다.

"방송에서 착한 척, 남을 배려하는 척해서 인기를 끄니까 실제 생활에서도 계속 그런 척을 해야 하더라. 그러다 보니 그게 진짜 삶이 되었다." 백종원 대표가 신문 인터뷰에서 한 말이다. 이 역시 먼저 행동을 바꾸면 결국 마음도 달라진다는 사례가 아닐까 한다.

저 사람은 왜 유능할까, 저 사람이 성공한 비결은 무엇일까 궁금하다면 팔리하피티야의 말대로 무작정 그 사람의 말과 행동을 따라 해보는 것도 좋은 방법이다. 단, 한 사람이 모든 분야에서 최고의 역량을 지니고 있지는 않을 테니 핵심 분야별로 여러 멘토를 정해두는 방법을 추천하고 싶다.

멘토의 실수까지 따라 하라

· · ·

멘토 한 사람을 무조건 모방하고 거울처럼 따라 하는 미러링mirroring이 큰 효과를 발휘하는 영역은 언어 학습일 것이다. 내가 영어 소통 멘토로 정한 분은 『7막 7장』으로 유명한 홍정욱 회장님이다. 지금의 유창한 영어 구사력과 세련된 매너를 몸에 익히기까지 상상을 초월할 정도로 엄청난 노력을 기울이신 분이다. 유학 시절에 영어 사전과 신약전서 300페이지를 통째로 무작정 외우는 등 그야말로 무시무시한 방법으로 영어를 공부하셨다고 한다. 그렇게 했더니 그 문장들이 아예 입에 붙어서 어느 순간 영어가 술술 나오기 시작했다는 것이다.

내가 이런 방법을 감히 따라 하기는 어려울 것 같다. 지금 내가 쓰는 미러링 방법은 모범으로 삼을 만한 홍정욱 회장님의 영어 스피치 영상을 짬이 날 때마다 보고 들으며 따라 하는 것이다. 차라리 원어민 발음을 따라 하는 편이 낫지 않겠느냐고 물을 수도 있다.

앞서 3D 시간 관리법을 소개하며 밝혔듯이 나는 모든 활동에 두 가지 이상의 목표를 부여하려고 노력한다. 학습용 영상을 따라 하는 경우와 달리 멘토를 미러링하면 그분만의 고유한 특성까지 내 것으로 만들 수 있다. 가령 영어로 의견을 개진하면서 논리를 펼치는 방법, 청중이나 상대방을 대하는 세련된 매너, 커리어와 경험에서 우러나오는 통찰력 등은 학습용 영상만으로는 결코 얻을 수 없는 것들이다.

이런 이유로 내가 영어 학습 멘토를 정하는 기준은 다소 까다롭다. 홍정욱 회장님을 포함해 김용 전 세계은행 총재, 칼라일 그룹의 이규성 대표, 칼라일 그룹의 창업자인 데이비드 루벤스타인David Rubenstein 등 자기 분야에서 일가를 이룬 분들을 멘토로 삼아서 배우고 있다. 엄밀히 말하면 영어 구사력보다 영어를 도구로 삼아 사고하고 질문하고 주제를 세련되게 변형하거나 전환하는 방식 등을 배우는 셈이다.

멘토 선정만큼 중요한 것은 멘토를 미러링하는 방법이다. 멘토들의 영어 표현만 따라 하면 이들의 논리력이나 매너, 통찰력까지 따라잡기는 어렵다. 메예르홀트의 생체역학 연기 이론처럼 멘토들의 표정, 몸짓, 손짓 하나까지 거울처럼 따라 하려는 노력이 필요하다. 말실수까지 하나하나 따라 하겠다는 마음가짐으로 훈련해야만 그들이 구사하는 영어 표현을 완벽하게 따라 할 수 있고, 더 나아가 내면의 가치까지 내재화할 수 있다.

조용민의 미러링 플레이리스트

요즘 가장 핫한 선생님은 '유 선생', 즉 '유튜브 선생'이다. 내가 미러링 플레이리스트로 활용하는 유튜브 채널을 몇 가지 소개한다. 다음 인물들이 운영하는 유튜브 채널을 구독하거나, 이 인물들의 인터뷰를 검색해 미러링하고 있다.

논리 전개 및 의사 전달력

- **스콧 갤러웨이**Scott Galloway : 뉴욕대 스턴경영대학원 마케팅 교수이자 베스트셀러 『플랫폼 제국의 미래』, 『스콧 교수의 인생 경제학』의 저자
- **마크 앤드리슨**Marc Andreessen : 실리콘밸리 벤처투자자
- **데이비드 루벤스타인**David Rubenstein : 칼라일 그룹 창립자
- **세바시 TV** : 유명인부터 일반인까지 누구라도 자신의 경험과 지식, 아이디어를 공유하는 강연 채널

- **현우진** : 메가스터디의 일타 수학 강사

투자 분석 및 논리적 사고력

- **뉴욕주민** : 맥킨지, JP모건 등 금융 회사들을 거쳐 뉴욕에서 헤지펀드 트레이더로 일하다가 현재는 뉴욕과 서울에서 일반인 대상의 투자 금융 교육 유튜브 채널을 운영하고 있다(이 유튜버는 창업을 준비하는 중인데, 결국 내가 개인적으로 운영하는 엔젤 투자 모임을 통해 펀드 조합을 구성해 도울 수 있게 되어서 무한한 영광과 감사를 느끼는 요즘이다).

- **1분 주식-주식단테** : 해외투자 트렌드와 글로벌 경제 상황을 누구나 알기 쉽게 설명하는 채널

- **슈카월드** : 삼성자산운용 펀드매니저 출신인 슈카가 운영하는 경제 전문 채널

- **Turbo832 TV** : 부동산, 책, 맛집 탐방, 미술, 와인 등을 다룬다.

영감과 지적 즐거움

- **Hipdict** : 단어의 의미를 새로운 관점으로 재정의한다. 인스타그램 및 페이스북에서 만날 수 있다.

- **원의 독백** : 독창적이고 뻔하지 않은 영상이 돋보이는 채널. 20대 트

렌드를 알고 싶다면 구독해보기를.

- **김미경 TV** : 베스트셀러 작가이자 인기 강사인 김미경 씨가 운영하는 자기 계발 및 경제 공부 채널
- **셜록현준** : 건축가 유현준 교수가 공간에 관해 다양한 인사이트를 들려주는 채널

아이디어가 하나뿐인 사람은 공유하지 못한다

• • •

연예기획사 JYP의 박진영 대표가 〈인생술집〉이라는 예능 프로그램에 출연해 작곡가 김형석과의 일화를 들려준 적이 있다. 김형석과 가까이 지내던 그는 작곡가의 머릿속에만 존재하던 아이디어가 음악이 되는 환상적 과정을 보고는 김형석의 집에서 먹고 자며 작곡을 배우기 시작했다. 2년 반 동안 무려 작곡 노트 100권을 채울 만큼 열심히 배웠고, 김형석도 박진영에게 자기 노하우를 아낌없이 전수했다.

그런데 김형석의 지인 하나가 박진영을 그만 가르치라고 충고했단다. 형, 동생 해봤자 어차피 남인데, 경쟁자

만 하나 더 키울 뿐이라는 것이 그 이유였다. 그 말에 김형석은 이렇게 대답했다. "다 가르쳐주고, 내가 더 열심히 하면 되지." 나중에 박진영이 프로듀서로 인정받으며 음악 저작권료 수입 1위가 되자 김형석은 "나는 2위로 물러났지만, 1위 자리를 네가 차지해서 정말 기쁘다"면서 축하해주었다고 한다.

구글에서 자주 쓰는 말 하나가 "당당하게 훔쳐라Steal with pride"다. 기업들은 대부분 바로 옆 팀에서 무슨 프로젝트를 진행 중인지도 모를 만큼 아이디어 공유에 인색하다. 그러나 구글은 내게 필요한 기술이나 노하우를 다른 사람에게서 적극적으로 가져와 배우라고 장려한다. 다른 사람이나 다른 팀의 영감을 빌리는 데 부끄러움이 아니라 자부심을 느끼라고 한다. 이는 다시 말하면 나의 기술이나 노하우도 다른 사람과 적극적으로 공유해야 한다는 뜻이다.

좋은 사람이 되고 싶다는 내 북극성에서 트리클 다운이 된 목표 하나가 '배워서 남 주자'다. 내가 강연이나 대학생 멘토를 마다하지 않는 이유도 이 목표에 충실하기 위해서다. 사실 고등학교 시절에 나의 장래 희망은 의사였는데, 만일 의대에 진학했더라도 진료실에서 환자를 치료하기보다 의료 지식을 널리 공유하는 일에 더 집중했을 것 같다.

배워서 남 주고, 내 것을 온전히 공유하려면 필연적으로 아이디어를 계속 길어 올리는 수밖에 없다. 김형석의 말대로 다 가르쳐주고 내가 더 열심히 하면 되는 것이다. 이런 마음가짐이 있어야 동기부여가 되어서 게을러지지 않는다.

아이디어가 하나뿐인 사람은 공유할 수 없다. 아이디어를 계속 길어 올릴 수 있는 사람, 비우고 또 채울 수 있는 사람만이 공유할 수 있으며 뒤처지지 않을 수 있다. 아이디어 공유에 인색한 사람이라면 자신을 한번 돌아보길 바란다. 혹시 내가 지닌 아이디어가 오직 하나뿐이라서, 남들에게 주고 나면 더는 아무것도 남지 않아서 공유하기를 꺼리는 것은 아닐까, 어느덧 새로운 아이디어를 길어 올리고 나 자신을 채우는 일에 게을러진 것은 아닐까 하고 말이다. 이는 단순한 문제가 아니다. 공유하지 않는 사람이 되었다는 뜻일 뿐만 아니라 뒤처지는 사람이 되었다는 신호이기 때문이다.

차마트 팔리하피티야가 성공한 사람을 무작정 모방하고, 박진영이 김형석을 스승으로 삼고, 내가 멘토를 미러링

하듯 우리는 모두 누군가에게서 배운다. 우리가 알고 깨달은 모든 것은 우리 자신만의 것이 아니다. 우리를 가르친 사람들, 우리에게 배울 사람들의 것이기도 하다.

　80억 인구 중에 내가 속한 8,000명의 그룹이 성공하면 나도 상위 0.0001퍼센트가 되는 셈이다. 이런 계산법이라면 내가 속한 8,000명 그룹 안에서 아웅다웅 경쟁할 필요가 없다. 오히려 내 주변의 8,000명을 열심히 돕고, 나의 노하우와 정보를 그들과 공유하는 것이 내가 80억 인구에서 상위 0.0001퍼센트가 되는 가장 쉬운 길이다. 이것이 바로 우리가 당당하게 훔치고 널리 공유해야 하는 이유다.

15

과거를 바꾸는 것은
타임머신이 아니라 언리시다

대학에 다닐 때《맵스_{maps}》라는 지역 정보지를 창간한 적이 있다. '스팸_{spam}'의 철자를 거꾸로 해서 지은 이름인데, 쓸모없는 광고는 스팸일 뿐이지만, 이를 뒤집으면 요긴한 정보인 지도(실제로 정보지에 지도를 싣기도 했다)가 된다는 나름 심오한 의미가 담겨 있다. 지금은 쿠폰북이 흔하지만, 당시에는 강남구 특화 쿠폰북이 없었던 때라 꽤 쏠쏠한 인기를 누렸다. 생각해보면 무의미하게 흩어진 정보를 집대성해 새로운 의미를 만든다는 점에서 내가 지금 구글에서 하는 일과 그 규모만 다를 뿐 본질은 비슷한 일이었던 것 같다.

외국계 회사에서 마케팅 업무를 하던 시절에는 직장 동료들과 부업 삼아서 양말 제작에 뛰어들기도 했다. 당시만 해도 양복을 무척 좋아하고 즐겨 입었는데, 아무리 찾아도 양복에 맞추어 신을 만한 마음에 드는 남성용 양말이 없길래 내가 직접 만들어보기로 한 것이다. 포천에 즐비한 양말 공장을 직접 돌아다니며 어느 공장이 실력이 좋은지, 단가는 얼마인지 조사한 다음에 양말을 직접 디자인해서 제작을 맡겼다. 이렇게 만든 양말을 B2B, B2C 등 다양한 경로로 판매했다. 주말을 쏟아부으면서도 힘든 줄 모르고 마냥 재미있게 일했던 기억이 있다.

다음에 도전한 부업은 바쁜 수험생들을 위한 영양 만점 컵볶음밥 전문 식당이었다. 노량진 컵밥의 강남구 대치동 버전이라고 생각하면 쉽겠다. 식당은 목이 중요하다고 해서 고민하다가 문득 맥도날드 근처로 하면 되겠다는 아이디어를 떠올렸다. 맥도날드가 아무 데나 매장을 낼 리는 없고 컨설팅을 거쳐 신중하게 위치를 선정했을 테니 맥도날드 매장 가까이에 음식점을 내되 메뉴만 달리하면 매출은 보장되리라 판단했다. 마침 직장과도 가깝고 길 건너에 맥도날드 매장이 있는 작은 가게 자리를 발견해 계약할 수 있었다. 식당 이름을 '왓더컵'이라 짓고, 로고도 직접 디자인했다. 처음에는 메뉴 개발, 장보기, 요리 등을 나 혼자 다 했는데, 나중에는 힘에 부쳐 전문 요리사를 고용했다. 학원가에 있는 음식 값이 저렴하고 규모도 작은 식당이었지만, 기대보다 꽤 매출이 좋아서 나중에는 건대 쪽에 2호점도 냈다. 이러다가 내 전공 분야와 멀어져 정말로 요식업에 뛰어들게 될까 봐 더는 욕심을 부리지 않고 가게를 넘겼다.

나의 좌충우돌 창업 도전은 성공도 실패도 아닌 '한때의 즐거운 경험'으로 마무리됐지만, 이때 얻은 소소한 경험이 강연이나 투자 심사를 하면서 다양한 직종의 여러 사람을 만나 대화하는 데 큰 도움이 되고 있다. 거꾸로 강연이나 투자 심사로 배우고 깨달은 점을 바탕으로 과거의 창업경험을 되돌아보게도 된다. 과거 경험이 현재에 영향을 주는 것만이 아니라 내가 지금 배우고 깨닫는 모든 것이 과거를 새로 구성하는 것이다. 당시에는 내가 잘한 줄로만 알았는데, 조금 더 성숙한 지금 돌아보면 반성할 일이 생기기도 하고, 당시에는 실패로 치부한 일이 지금 하는 일에 밑거름으로 쓰이기도 한다.

이렇게 모든 도전과 경험은 과거에 고정되거나 박제되지 않고 끊임없이 현재로 소환되어 재해석되고 새로이 쓰인다. 중요한 점은 어쨌든 재해석하고 새로이 쓸 재료는 많을수록 좋다는 것이다. 오늘의 내가 어떻게 하느냐에 따라 어제의 실패담이 내일의 성공담이 될 수도 있다. 그러니 두려워하지 말고, 움츠러들지 말고 일단은 내일의 나 자신에게 재료와 무기를 쥐여준다는 마음으로 부딪히고 경험하고 도전해볼 일이다.

오늘도 '거침없이 이불킥' 하셨습니까

• • •

　'자꾸 보게 되는 레전드 졸업식 연설'이라는 유튜브 동영상이 있다. 배우이자 코미디언이며 그림책 작가이기도 한 니시노 아키히로西野亮廣가 어느 대학교 졸업식에서 했던 축하 연설을 담고 있다. 화려한 소개말과 함께 무대에 등장한 그는 청중의 반응이 영 시원치 않자 다시 등장할 테니 여전히 성의 없는 반응을 보이든, 환호성을 지르든 마음대로 하라고 말한다. 그렇게 무대 뒤로 사라졌던 그가 다시 나타나자 이번에는 함성과 기립 박수가 쏟아진다. 그가 외친다. "그래, 하니까 되잖아!" 초라했던 첫 번째 등장은 이제 '지우고 싶은 흑역사'에서 '화려한 두 번째 등장을 위해서 꼭 필요한 발판'이 되었다. 이렇게 그는 과거는 얼마든지 바뀔 수 있음을 실제로 보여준다.

과거가 현재에 의해 얼마든지 재해석되어 바뀔 수 있다고 생각하면 무엇이 좋을까? 더는 실패도 도전도 두려워할 필요가 없어진다. 내 능력에 한계를 두지 않고 언리시할 기회를 나 자신에게 줄 수 있게 된다.

한 강연에서 반드시 지키는 습관이나 루틴이 있느냐는 질문을 받은 적이 있다. 내가 하루도 빠짐없이 하는 일은 '이불킥'이다. 자려고 눕기만 하면 오늘 하루 저지른 실수와 부끄러운 일이 어찌나 많이 떠오르는지 이불킥을 안 하려야 안 할 수가 없다.

그런데 한바탕 격렬한 이불킥을 끝내고 나면 묘하게 안도감이 든다. 아, 오늘 하루도 좌충우돌 도전하며 살았구나, 그만큼 나는 성장했겠구나 하는 생각이 들어서다. 드물게 이불킥을 할 만한 사건이 일어나지 않은 날에는 오늘 너무 몸을 사리며 살았나, 무미건조한 하루가 아니었나, 오히려 서운한 마음마저 든다. 이불킥을 하는 매일의 밤이 있어서 가슴 뛰는 내일도 있다. 흑역사가 차곡차곡 모여서 나만의 역사가 된다는 생각으로 내일도 '거침없이 이불킥'은 계속된다.

정신 승리가 아닌 회복력이
우리를 성공으로 이끌지니

· · ·

과거는 현재의 나에 의해 얼마든지 다시 해석되며, 때로는 실패가 성공의 발판으로 탈바꿈하기도 한다. 누군가는 이런 과정을 '정신 승리'라고 할지 몰라도, 내 생각에는 '회복력'이라 부르는 편이 더 적당할 것 같다. '회복 탄력성'이라고 해도 좋겠다.

저명한 경영학 교수이자 세계경제포럼이 선정한 '내일의 글로벌 리더'인 스콧 갤러웨이는 『스콧 교수의 인생 경제학 The Algebra of Happiness』에서 "성공=회복력/실패 Success = Resilience/Failure"로 규정한다.

"누구나 실패도 겪고 비극적인 일도 경험한다. 당신은

해고될 수 있고 사랑하는 사람을 잃을 것이며 경제적으로 힘든 시기를 겪을 가능성도 매우 크다. 그러나 성공의 핵심 비결은 슬퍼한 후 '실패를 딛고 일어나 앞으로 나아가는 능력'이라는 것을 명심하라."

성공=회복력/실패. 어떤 수를 0으로 나누는 일이 논리적으로 불가능하듯 실패가 아예 없는 인생은 있을 수 없다. 특히나 매일 밤 이불킥을 해야 잠이 올 만큼 새로운 경험과 도전에 나 자신을 던지는 사람이라면 더 많은 실패를 경험할 것이다. 그러나 아무리 많은 실패를 겪어도 회복력이 더 크면 반드시 성공한다. 나는 갤러웨이의 성공 공식을 이렇게 해석했다.

갤러웨이는 회복력을 "실패를 딛고 일어나 앞으로 나아가는 능력"으로 설명했지만, 나는 회복력이란 곧 언리시 능력과 같다고 생각한다. '누가 해도 안 될 일', '너는 못 할 일'이라는 주변의 섣부른 판단을 거부하고 내가 지닌 모든 것을 새로운 시선으로 다시 바라볼 때, 그래서 과거의 모든 경험과 실패를 성공의 발판으로 삼아 나만의 무기로 만들 때 회복 탄력성이 자연히 커질 것이다.

자고 일어나면 새로운 분야, 새로운 직종이 끊임없이

생겨나는 오늘날에는 어제의 내가 무엇을 이루었는지보다 내일의 내가 무엇을 할 수 있는지가 더 중요하다. 구태의연한 스펙이나 배경에 얽매이지 않고 나 자신을 얼마나 언리시할 수 있는가가 성공의 새로운 기준이 되는 시대다. 이제 우리는 지금껏 누구도 해보지 못한 일, 과거에 존재한 적 없던 일을 하게 될 것이다. 여러분이 언제 어디서 무슨 일을 하게 되든 부디 그것이 가슴 뛰는 도전일 수 있기를, 그리고 그렇게 되기까지 언리시가 강력하고 효과 좋은 무기로 쓰일 수 있기를 진심으로 바란다.

언리시
내가 지금 가진 것들을 성장의 무기로 만드는 법

초판 1쇄 인쇄 2022년 10월 1일 **초판 1쇄 발행** 2022년 10월 20일

지은이 조용민
펴낸이 이승현

기획팀 오유미
디자인 이세호

펴낸곳 ㈜위즈덤하우스 **출판등록** 2000년 5월 23일 제13-1071호
주소 서울특별시 마포구 양화로 19 합정오피스빌딩 17층
전화 02) 2179-5600 **홈페이지** www.wisdomhouse.co.kr

ⓒ 조용민, 2022

ISBN 979-11-6812-438-7 03320